引頭佐知さんの

だしとり教室

だしのとり方と
定番の和食

引頭佐知

anonima st.

はじめに

2003年に『料理上手になる!』(NHK出版)を刊行した際、仙台の新聞社・河北新報さんがわたしの教室を紹介してくださり、その記事をきっかけに2004年より仙台で『だしをとって料理をする教室』がスタートしました。

第1回は、ゴールデンウイークに中山地区で催した親子クッキング。参加されたのは、おむつのとれない幼児から小学生まで約10人の子どもたちと、そのご両親。献立は、五目寿司とすまし汁、鶏のから揚げです。3品完成後、着席していただき、焼き麩と三つ葉のすまし汁をよそったら、子どもたちは、素早くお椀に手を伸ばし、揃って、ゴクゴク一気飲み。その風景にご両親は「うちでは、汁ものはいつも拒否。絶対飲まなかったのに……」と驚かれたり喜ばれたり。

刺激物に慣れていない子どもたちの嗅覚や舌は敏感です。たとえ、初めて口にするものであっても、安全なものはわかるのです。

ひとりのお母さんは「今日は参加してよかったです。なんとか飲んでほしい、食べてもらいたいと、料理の形をかわいらしくしたり、見た目の工夫で苦労してました。大切なのは、だしだったんですね」。

「医者から減塩しろと言われ、塩分の減量に長い間苦労してきました。塩もしょう油もあんなに少量なのに、おいしくて満足でした」と涙ぐまれた男性も。

このとき、わたしは「だしをライフワークに」と決めたのでした。

2007年からは、自宅でも、だしとり教室をスタートさせました。

だしを何度も味見して、旨みが重なるのを確かめたり、ちょっぴり実験的な教室です。

だしは、素材の味と香りを引き出し、旨みを補いますが、本当にそうなのか、しっかり味わいます。だしで炊いた汁ものや煮ものに「あ、かぶの香りがする……」、「ごぼうがおいしい……」生徒さんの声が飛び交います。

まるで、味や香りを発見したかのようにうれしそうです。


わたしの一番だしは、10分でとれます。

とり方の写真を見ればわかりますが、シンプルです。

これは、だし素材の旨みのおかげ。昆布は2年、本枯節は6ヶ月、長い年月と人の手間により、旨みが醸成された乾物だからです。

フルタイムで働く方、小学生や料理に不慣れな男性でも、どなたでもとれます。


はじめは毎日でなくてもいいのです。

日本のだし素材は、保存食。いつでもどこでも、気の向いたとき、時間のあるときからはじめて、だんだんと習慣にしていきましょう。

だしがあれば、どんな和食もおいしくつくれます。

料理の腕なんて気にしないで、だしに頼ればいいのです。


本書では、だしのとり方と定番の和食をくわしくご紹介しました。

まずは、一番だしから、どうぞ。

目次

第三章
だしでもっとおいしくなる
定番のおかず…63

だしがらをつかって

第四章
だしが決め手の
ごはん、麺、鍋もの…91

第一章
だしの素材とだしのとり方

だしとり教室では、わたしが幸いにしてめぐり合った、
日本で最上のだし素材でだしをとり、
生徒の皆さんに味わっていただいています。
これは、最高のだしのすべてを舌の記憶にとどめていただくため。
まずは、だしをとる前に素材を食べて、
そのものの味をたしかめます。
昆布は親指大に切り、削りかつおは山に盛り、
煮干し（いりこ）は、頭と腹ワタをとったものを器に盛り、
納得できるまで味わって感想を述べ合います。
その雰囲気は、さながら中学か高校の部活のよう。
だしは、昆布、かつお節、煮干しなどから旨みを引き出すもの。
おいしいだしには上質のだし素材が必要です。
素材のこと、味を知ってお選びください。

だしの素材①

《昆布》

おいしいだしのためには、まず上質の昆布とかつお節を選ぶこと。

◎昆布の種類とそれぞれの特徴

昆布は、おもに北海道沿岸から東北北部で採取・加工されています。だし用の昆布は、真昆布、羅臼昆布、利尻昆布、日高昆布の４種。産地のプランクトンや海流などの環境により、形状、品質、旨みにそれぞれ特徴があります。

真昆布《まこんぶ》

昆布の王様。色は褐色《かっしょく》で肉質に厚みがあります。主産地は道南地方。真昆布は切り口の白い昆布が最上品です。なかでも南茅部《みなみかやべ》地方の川汲浜《かっくみはま》、尾札部浜《おさつべはま》の真昆布はまさに王様。

だし汁は、澄み、ごく上品な甘みと香り、滋味深い旨み、まろやかな包容力があります。本枯節のかつおとの一番だしの相乗効果の旨みは、群をぬいています。

江戸時代、大阪は、北前船で運ばれた、昆布やにしんなどの海産物の集散地、昆布加工地として栄えました。その名残りもあり、関西、特に大阪で好まれています。

羅臼《らうす》昆布《こんぶ》

幅広いうちわ型で、色は茶褐色と赤褐色の2種があります。肉は薄く（羅臼に限っては薄い方が上質）、やわらかく、口当たりのいい昆布です。主産地は知床半島ですが、根室海峡側の羅臼で採れます。香りのよい昆布で、真昆布に追随する優良品。だし汁は、黄色みを帯び、少し濁りますが強い甘みがあり、旨みも強く、コクがあります。

利尻《りしり》昆布《こんぶ》

真昆布とよく比較されますが、やや小型で、色は黒褐色。4種のだしのなかでは、いちばん繊維質のかたい昆布です。主産地は、利尻・礼文島と稚内、天塩周辺。だし汁は4種のなかで一番澄み、旨みはあっさりとして、上品でくせのないのが特徴。お吸いものはもちろんのこと、料理が晴れる（料理の色が美しい）ことを大切にしている京都で好まれています。

日高《ひだか》昆布《こんぶ》

幅が狭く、細長い昆布で、色は黒みをおびた濃い緑色。主産地は日高地方沿岸。肉質は薄く、繊維質がやややわらかい昆布です。だし汁はすこし濁り、旨みは少なく、かすかに昆布の香りがあります。関東地方では、家庭用のだしとして広くつかわれています。煮もの、おでん、佃煮、また、野菜がわりにもつかえて便利です。

◎昆布の選び方

わたしは、だし用には真昆布、羅臼昆布をつかい、煮ものなどには日高昆布もつかっています。昆布には、天然と養殖がありますが、旨みに格段の差があります。養殖の昆布では、だしの旨みはあまり期待できません。天然の昆布をつかいましょう。養殖の昆布は、昆布〆などにおつかいください。

産地により品質に差があり、「浜格差」といいます。

◎成分

昆布の旨みの成分の主体は、アミノ酸のグルタミン酸で、昆布をだしとしてつかうのはこの成分のためです。ほかにはアスパラギン酸、マンニット（昆布の表面に付着した白い粉状のもの）など、旨み成分がたっぷり。さらに鉄分や食物繊維も含んでいます。また、体内で甲状腺ホルモンの分泌を促進し、新陳代謝をするのに必要な成分のヨウ素を豊富に含みます。

◎保存方法

室温で保存し、台所ではすぐにつかえるよう、5g、10gに切り、密閉容器に入れておきます。昆布の保存に湿気は大敵です。新聞紙に包み、風通しのよいところにおきましょう。賞味期限は、約1年と表示してありますが、3～4年位まで問題なくつかえます。年数が経つと、表面に白い粉が浮いてきます。それが旨み成分の甘み物質「マンニット」で、カビではありません。

だしの素材②

《かつお節の削りぶし》

◎かつお節の種類と特徴

かつお節は製造工程から大別して荒節《あらぶし》と本枯節《ほんかれぶし》に分かれます。荒節は原料のかつおを煮て、燻して乾燥させたもの。本枯節は荒節の表面についたタールや脂を削り、2回以上かび付けをしたものです。市販の削りかつおは、それらの節を用途別に削ったものです。ここでは家庭向きの3種にしぼってご紹介します。

花かつお（品名 かつお削りぶし）

荒節を削ったもの。だしの特徴は、すっきりと燻した香り。荒節はやせた脂肪の少ないかつおで製造するので、だしの色は濁りがなく、透明感があります。昆布と合わせて家庭での一番だし、単独のかつおだしにつかいます。旨みはないので、二番だしはとれません。

本枯節（品名 かつお枯れぶし削りぶし）

本枯節を削ったもの。だしの特徴は、かび付けと乾燥を繰り返して熟成された深い旨み、上品な香りと甘み、かすかに燻した香りです。だしは少々濁りますが、これは旨みである脂肪が残っているため。一番だし、かつおだし、旨みがあるので二番だしもとれます。

花かつおの粉だし
（品名 かつお削りぶし・粉末）

かつお節を削るときに出る粉末です。だしとりはもちろん、おひたしにひと振りしたり、粉節和え、粉節煮につかいます。

ほかの削りぶし

「かつお枯れぶし削りぶし」には、本枯節の血合い部分をとり除いた「血合い抜き」という、もう一ランク上の最上のものがあります。色は透明感のある桜色。だしはくせがなく、旨みのエッセンスだけをすくいとったような、上品で繊細な香りが特徴。料理屋のお吸いもの専用です。「削りぶし」とだけ表示があるのは、原料がかつお節以外の節を削ったものです。まぐろ節、そうだ節、さば節、むろ節、うるめいわし節などがあります。わたしは、さば節を、うどんやそばのだしに加えることもあります。

◎成分

旨みの主成分はイノシン酸、ほか、グルタミン酸、アミノ酸、多量の香り成分が加わっており、一度味わったらやみつきになる旨みと香りがあります。栄養的には必須アミノ酸をすべてふくむ上質のたんぱく源。15gで10g摂れます。生活習慣病の予防に効果的なDHAやEPA、タウリンも豊富に含んでいます。

◎選び方

旨みをたっぷり含んだ新鮮なものを手に入れましょう。削りぶしの袋は気密性フィルムをつかい、不活性ガス充填包装されてパンパンにふくらんでいます。表示をみて、種類と製造年月日と、かつお節の色を見ます。良品は少し赤味がかった美しいさくら色をしています。黄ばんだものは、削ってから時間がたち、酸化しているので避けます。

◎保存方法

削りかつおは、酸素に触れると酸化します。開封後は、しっかり空気をぬき、口を閉じ、冷凍庫に保存します。注意したいのは、冷たいままでは、だしが溶出し難いので、必要量を室温に戻してからつかいましょう。

右が良品、左が酸化して黄ばんだもの。

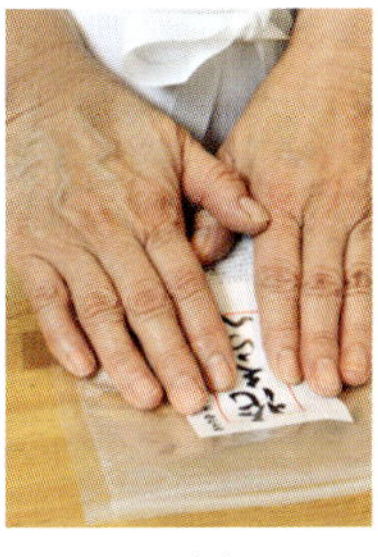

しっかりと空気をぬくことが大切です。

だしの素材③

《煮干し》

煮干し（いりこ、じゃこ、だしじゃこ）は各地に産地があり、昔から家庭のだしとして重宝されてきました。みそ、しょうゆ、乾物、野菜にあう煮干し。毎日の家庭だしとして、いつも常備したいですね。

◎煮干しの種類と特徴

煮干しの原料には、片口いわし、かえり、あじ、さば、さんま、うるめいわしのほか、各地沿岸にはいろんな種類があり、主にだしでつかわれる煮干しは、片口いわしで、塩水で煮て、乾燥させたものです。

広く沿岸でとれますが、多くは西日本でとれ、最大主産地は長崎県。ほか、瀬戸内海内湾の香川、愛媛、広島、山口各県、北陸地方などが代表的な産地です。

製品の違いは、加工法もありますが、海の条件によっても違いがあります。外界の荒い海のものは薄皮がなく身がかたく、瀬戸内海などゆるやかな内海で獲れたものは薄皮があり、身がやわらかです。

写真の煮干しは、香川県伊吹島産の「銀付きいりこ」。銀付きというのは、薄皮に加え、うろこが付いているいりこです。生臭みがなく、骨や身もやわらかく、だしがとてもよくとれます。

◎選び方

煮干しは鮮度が命。よく乾燥して、光沢があり、姿の整ったものを選びましょう。頭がとれたり、背や腹が割れているものは避けます。背のほうにそっくり返っているのは、内臓が腐り、腹部にガスが溜まっていたことが原因。これらは加工以前から鮮度が落ちていたものです。また、腹部が茶色を帯びたものは不良品。これは、保存状態が悪く、脂焼けしています。

左が不良品、右が良品。色や形をよく見極めましょう。

また、だしはそのまま煮出すのですから、酸化防止剤を使用していない無添加のものを選びましょう。

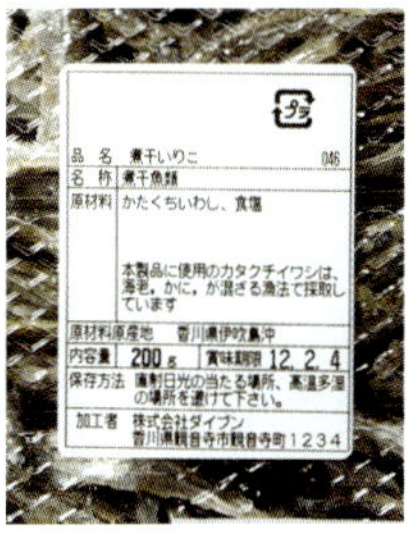

表示を見れば、酸化防止剤が入っていないことが確認できます。

◎成分

旨み成分はイノシン酸ですが、グルタミン酸、アミノ酸も含んでいるので、煮干しだけでも満足感があります。栄養素は、カルシウムと鉄分。ビタミンDも含んでおり、体内にしっかり吸収されます。

◎保存法

酸化しやすいので、室温保存はせず、密閉袋に入れて冷凍庫で保存しましょう。100gのものなら手の空いているときに、頭と腹ワタをとって20gずつラップをしておくと、つかいやすくて便利です。

◎その他のだしの素材

あごの焼き干しは、焼き干しなので保存性が高く、便利なだし素材です。生臭みがなく上品なため、煮もの全般、麺類、鍋もの、みそ汁とつかい道が幅広い素材。あじの煮干しは、甘くてまろやかなだし。干し海老のだしはみそ汁の他、茄子などの煮ものにもあいます。干し椎茸の戻し汁は、わたしはそうめんにはつかいます。精進料理でつかう場合は、昆布とあわせておつかいください。

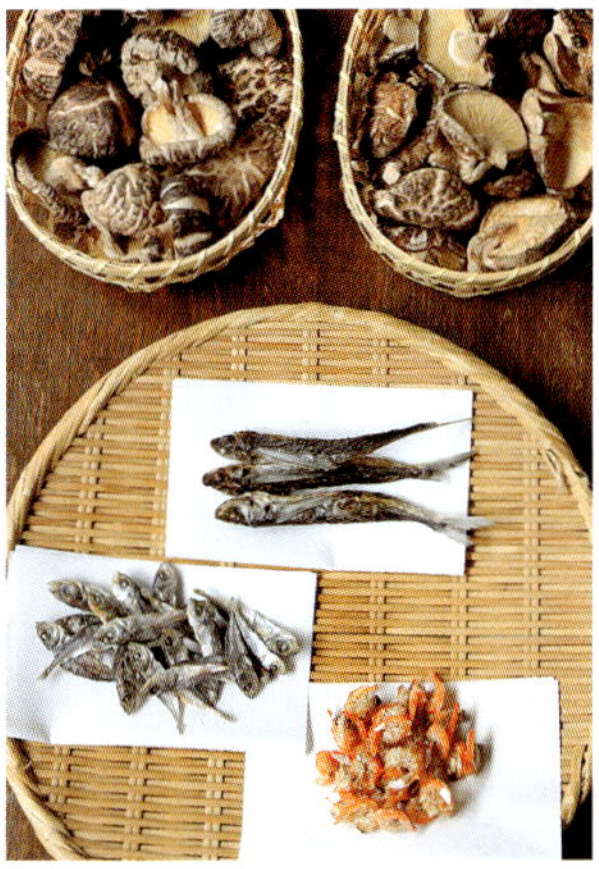

上　干し椎茸　右が香信（こうしん）、左が冬茹（どんこ）
下　上から、あご、あじ、干し海老

《だしとりの道具》

だしをとるために
用意しておきたい道具です。

●ボウル（直径18㎝）
●鍋（直径18㎝）
●盆ザル（直径24㎝）
●布巾
●トング
●菜箸

1ℓのだしとりに、使い勝手のよい鍋が直径18㎝、3㎜厚さの雪平鍋。雪平鍋のすぐれたところは、鍋の中の温度が一定していること。また、火を消したら、即、煮えが止まるところです。火を消してもグラグラ煮えがおさまらない多重ステンレス、ホーロー鍋は、だしとりの場合、扱いが困難でだしに生臭みや濁りが出てしまいます。

布巾は、わたしは呉服店で「さらし木綿」を求め、切ってつかっています。

盆ザルは鍋よりも6㎝位大きいサイズのものを選びましょう。盆ザルがなければ、かわりにストレーナーや金ザルで、布巾がなければ、ペーパータオルで。

どうぞ、お手持ちのものでおとりください。

さあ、だしとりをはじめましょう。
一番おいしいだしをとるには、
まず上質のだしの素材を惜しまないことです。

その次は準備。
おいしいときを逃さないよう、
タイミングを外さないよう道具をそろえてからはじめましょう。
盆ザルと布巾は、水を通してしめらせ、
水気をしっかりきっておきます。

さらに、だしとりのときは、
はじめから終わりまで目を離さず、
つきっきりで作業すること。
手抜きを考えたり、急いでとろうとするのは禁物ですよ。

【昆布とかつお節の一番だし】

すまし汁、みそ汁の他、
どんな料理にもつかえます。

昆布とかつお節の一番おいしい旨みと香りだけを引き出しただしが、「一番だし」。
その一番だしでつかうかつお節は、削り立てか、旨みの強い本枯節の削りかつおが最上です。家庭では、買いやすい花かつおでも十分です。
昆布は、教室では旨みの高い真昆布や羅臼昆布をつかっています。他の昆布でも、とり方は同じです。
とり方には水出し法と煮出し法がありますが、これは約10分でとれる煮出し法です。

〈材料〉
水…1ℓ
昆布（真昆布）…10g
削りかつお（本枯節）…20g

◎とり方

①鍋に昆布と水を入れます。

昆布は、洗わずにさっとふいておきます。

冬は乾燥により昆布がかたくなり、だしの溶出に時間がかかるので、10分以上水に浸けておきます。

②約10分で沸騰するよう、中火にかけ、沸騰寸前に昆布をとり出します。

昆布がユラユラと浮き上がって来たらすばやく！

③強火にし、昆布のアクをすくいとります。

④火を止めて、かつお節をすばやく入れます。

ささっと時間差なく入れましょう。

⑤アクをすくいとり、1分半おきましょう。

かつお節が浮いていたら箸の先でそっと押さえます。かつお節によっては、2分以上おくと濁りと臭みが出ます。

⑥布巾でこします。

きめの細かな布巾でこすと、すっきりとした、だしがとれます。

⑦軽く押さえます。

強くしぼると渋みや濁りが出ます。時間に余裕があるときは、自然にこしてください。

⑧昆布とかつお節の一番だしの出来上がりです。

香りが、すくっと立った、まろやかで上品な味です。

◎保存方法

あまった場合は、必ずもう一度、火にかけて沸騰させてから冷まし、密閉容器に入れて冷蔵庫で保存するか、八方だし［p・80］にしておきます。冷蔵庫で3日、冷凍でも1週間くらいでつかいきりましょう。

だしとりのたびに材料を量るのは、ちょっぴり面倒。削りかつお10gは、ごはん茶碗1杯分。直径12cmのミニボウル1杯分も10gです。覚えておくと便利ですよ。

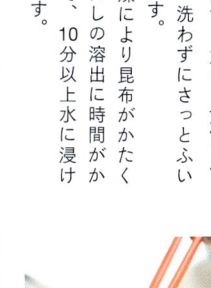

【二番だし】

みそ汁、和えもの、煮ものなどの野菜の下味つけにつかいます。

一番だしの上質のだし素材に残っている旨みを、煮出して引き出したものが二番だしです。

〈材料〉
水…0.5ℓ（一番だしの半量）
一番だしのだしがら
削りかつお（本枯節）…10g

＊家庭でのだしの量では、旨みのある二番だしはあまりとれませんので、水の量を半量にしています。わたしは、だしがらの素材は、だしがら料理［p.87〜89］で活用するほうをおすすめします。

◎とり方

①鍋に一番だしをとったあとの昆布、かつお節、水を入れて、強火にかけます。
昆布が浮き上がりやすいので、かつお節の下に押し込みましょう。

②沸騰したら弱火にして10分間煮て、かつお節を加えます。
追いがつおといい、旨みと香りを補うために加えます。

③火を止めて、1〜1分半おき、アクをすくいとり、布巾でこします。

④お玉の底を押しつけて、だしをすっかりしぼり出します。

⑤二番だしの出来上がりです。

【昆布だし】

精進料理、香りを大切にしたい野菜料理に。
煮干しやかつお節の動物性のだしでは持ち味が出しにくい、魚介や肉料理に。

昆布と水だけでとる、だし。淡いけれど特有の旨みがあります。とり方は、水に浸けておく水出し法と火にかける煮出し法の2種類。

◎煮出し法
水…1ℓ
昆布（真昆布）…15g

①鍋に昆布と水を入れます。

②中火にかけて10分、沸騰する寸前で昆布をとり出します。

③アクをとって出来上がりです。

◎水出し法
水…1ℓ
昆布（真昆布）…15g

容器に昆布と水を入れて冷蔵庫に入れ、8～12時間浸けておき、昆布をとり出してつかいます。
＊室温の場合は5～8時間です。
＊10～3月は室温でもよいのですが、4～9月は、腐敗を防ぐため必ず冷蔵庫に入れてください。

昆布は、戻すと約2倍の大きさになります。

【かつおだし】

すまし汁、みそ汁、煮ものなど、料理全般につかえます。

削りかつおは薄く削ってありますから、溶出時間がとても早く、時間的にはインスタントです。こすタイミングを外さないよう注意しましょう。2分以上おくと、渋みや濁りが出てきます。

〈材料〉
水…1ℓ
削りかつお（花かつお）…30g

①鍋に湯を沸かし、火を止めて、手早く削りかつおを入れます。

②1～1分30秒おいたら、布巾でこします。

③出来上がりです。
花かつお特有の燻した香りがある、すっきりとしたあと口のよいだしです。

【昆布と煮干しのだし】

みそ汁、煮もの、うどんだし、
炊き込みごはんなどにあいます。

「煮干しは生臭くて……」とおっしゃる方が多く、たった一度の経験で敬遠されている方が多いようです。あきらめてはもったいない、深いコクと旨みのあるだしです。生臭かったのは、脂焼けしている古い煮干しをつかったからか、だしのとり方が原因だったのかもしれません。

だしとりのとき、グラグラ煮立てると、だしが濁ったり、生臭みが出てしまいます。

〈材料〉
水…1ℓ
昆布（真昆布）…10g
煮干し（伊吹いりこ）…20g
※頭と腹ワタをとって

煮干し1カップ分が、ほぼ30gで、頭と腹ワタをとると20gになります。

◎頭と腹ワタのとり方

だしに渋みを出さないために、頭と腹ワタをとります。左手に煮干しをもち、右手で腹をつかみ、上にずらします。

身は半分に割きましょう。

身を薄くすることで、だしが出やすくなります。4cm位までの身の薄い小羽は割かなくても大丈夫です。

◎とり方

①鍋に昆布と煮干しを入れ、分量の水を加えて中火にかけます。

時間があるときは、30～40分浸けておきましょう。煮出しやすくなります。

②沸騰寸前に昆布をとり出します。

昆布がユラユラと浮いて来たらすばやくとりだしましょう。

③アクをていねいにすくい、弱火で約5～6分煮て火を止めます。

沸騰させないよう、注意しましょう。

④煮干しが鍋底に沈んだら布巾でこします。

煮干しは、冷めるまでの過程で、さらにだしが出ます。慌ててこさなくて大丈夫。

⑤煮干しの水気がきれるまで、そのままにします。

すぐにこせるので、しぼらずにそのままで。

⑥出来上がりです。

深いコクと旨みのある味です。

【煮干しだし】

みそ汁、野菜や乾物の煮ものにつかいます。

からりとよく乾いた煮干しをつかいます。湿り気のある煮干し、少し古くなった煮干しは、から炒りすれば生臭みのない、香りよいだしがとれます。

から炒りすることで旨みが引き出されやすくなり、酸化しないので時間のあるときにまとめてつくっておくと便利です。

〈材料〉

水…1ℓ

煮干し（伊吹いりこ）…30g

※頭と腹ワタをとって

◎から炒りの仕方

厚手の鍋に煮干しを入れ、弱めの中火でから炒りをします。

焦がさないように注意してくださいね。

◎とり方

①鍋に煮干しと水を入れて、中火にかけます。

から炒りしなくても、とり方は同じです。煮干しの焼き屑がありますが、布巾でこすので気にしなくても大丈夫です。

②アクをていねいにすくい、沸騰直前になったら弱火にし、5〜6分煮て火を止めます。

沸騰させないように注意しましょう。

③布巾でこします。

しぼらないで、煮干しの水気が自然にきれるまでそのままにしておきます。

④出来上がりです。

【煮干しの粉だし】

みそ汁や煮ものにつかいます。

よく乾燥した煮干しなら、そのまま。乾燥の不十分なものや少し古くなったものは、から炒りしてからすり鉢ですって、粉末にして用います。

〈材料〉
水…1ℓ
煮干しの粉だし…30g

◎煮干しの粉だしのつくり方

①頭と腹ワタをとった30gの煮干しを、すり鉢ですります。

②煮干しの粉だし30gの出来上がりです。

◎とり方

①鍋に湯を沸騰させ、火を止めて、煮干しの粉だしを入れます。再び点火し、アクをすくい、弱火で3〜4分煮ます。
沸騰させないように注意！

②粉だしが鍋底に沈んだら、布巾でこします。

③出来上がりです。

忙しいときのかんたんだしとり

10分だって時間が惜しい。
そんなときにおすすめのだしとりです。

【水出し法】
前日の夜から準備する、水出し法のだしとり。翌朝、容器から鍋にあけるだけです。

◎水出し法

【昆布と煮干しだし】

〈材料〉
水…1ℓ
昆布（真昆布）…10g
煮干し（伊吹いりこ）…20g

①煮干しは、頭と腹ワタをとり、身を2つに割きます［p・21］。
②容器に昆布、煮干し、分量の水を入れて冷蔵庫に一晩入れておきます。
③昆布と煮干しはとり出して、だし汁を鍋にあけてつかいます。

＊昆布と煮干しをだし汁と一緒に煮出すと、より濃厚なだしがとれます。

【煮干しだし】

〈材料〉
水…1ℓ
煮干し（伊吹いりこ）…30g

①煮干しは、頭と腹ワタをとり、身を2つに割きます［p・21］。
②容器に煮干しと分量の水を入れて冷蔵庫に一晩入れておきます。
③煮干しはとり出して、だし汁を鍋にあけてつかいます。

＊煮干しをだし汁と一緒に煮出すと、より濃厚なだしがとれます。

◎フィルターでのだしとり

耐熱性のコーヒー・フィルターとポットをつかって、だしをとります。ペーパー・フィルターに粉だしを入れ、沸騰湯を注ぐだけです。お湯は必ず、沸騰したてをつかってください。

用意するもの
ポット
コーヒー・フィルター
ペーパー・フィルター

〈材料〉2人分

◎かつおと昆布のだし
沸騰湯…2カップ
かつおの粉だし…小さじ2
昆布粉…少々

◎かつおだし
沸騰湯…2カップ
かつおの粉だし…小さじ2½

◎煮干しだし
沸騰湯…2カップ
煮干しの粉だし…小さじ1強

①ポットにコーヒー・フィルターをのせ、ペーパー・フィルターにかつおの粉だし（煮干しの粉だし）を入れ、湯を注ぎます。

②1分半おいて、出来上がりです。

③昆布粉を加える場合は、こしてから、ポットに昆布粉を加えます。

◎ポットでのだしとり

いつでもどこでもとれる、かつおだし。

用意するもの
ポット

〈材料〉2人分
沸騰湯…2カップ
かつおの粉だし…小さじ2

①ポットに粉だしを入れ、湯を注ぎ入れます。
必ず沸かしたてのお湯にしてください。

②ふたはせず、このまま1分半おきます。
対流していたかつおの粉だしは、底に沈んでいきます。

③1分半たったら、ふたをしてこして、出来上がりです。
上澄みをつかうよう、静かにこします。

この本で料理をされる方へ

○調味料のこと

毎日つかうものは、添加物のない、いいものを。わたしは、左記の調味料をつかっています。

【薄口しょうゆ】（ヒガシマルうすくちしょうゆ）
伝統製法で熟成醸造した薄口しょうゆです。晴れる色、風味、香りをそえます。素材の色を生かしたい煮ものにも最適です。

【濃口しょうゆ】（丸中醤油）
発酵食品のしょうゆの原料は大豆、小麦、塩。強い旨み、香り、美しい色、と三拍子がバランスよくそろったしょうゆです。

【塩】（粟国の塩）
だしの次にこだわる調味料といえば塩。原料は粟国島近海の海水100%。素材の旨みを上手に引き出してくれる塩です。

【みりん】（福来純三年熟成本みりん）
原料は、もち米、米麹、焼酎。深い甘みと旨みに、砂糖の使用頻度が少なくなります。煮もののつや、照り焼きの香りも本みりんならでは。

【酢】（千鳥酢）
原材料にある酒粕のせいか、やわらかい酸味で、お酢の印象が変わります。あと口があっさりしているので、酢〆、お寿司、なんにでも向きます。

○料理につかう「だし」と、「だしインデックス」のこと

本書では、それぞれの料理に一番合う、おすすめのだしを、レシピの〈材料〉内にのせています。それ以外に合うだしを加えて、ページの端に「だしインデックス」として掲載しました。だしから料理をさがすとき、だしのとり方のページを参照するときなどに、おつかいください。

○その他、レシピに共通のこと

計量…1カップは200cc、大さじは15cc、小さじは5ccを使用しています。

調味料の分量…4人分を基本としています。人数が増える場合は、調味料をひかえめに加えてください（例えば、8人の場合に倍量にしては、濃い味つけになります）。

塩熱湯のこと…沸騰した湯5カップに塩を小さじ½の割合で加えたものです。

下ごしらえのこと…洗う、皮をむく、切る、ゆでる、アクをぬくという作業がきほんの下ごしらえです。これらを省けばかんたんにはなりますが、出来上がりのおいしさに違いがうまれます。

第二章

だしを味わう汁もの

だしのおいしさを味わうのが汁ものです。
まず、だしをとったら、
なにも加えずそのまま飲んでみましょう。
他のものでは決して味わえない、
滋味深い旨みに気づくでしょう。
だしに塩と薄口しょうゆを加えて、すまし汁。
みそを加えて、おみそ汁。
どちらも実だくさんにすれば、
おかず汁になります。

三つ葉と焼き麩のすまし汁

だしとり教室ではおなじみのすまし汁。まずは、このお椀をつくり、味わいます。だしの味、おすましというものを、かんたんにわかっていただける、きほんです。

〈材料〉４人分
だし（一番だし）…４カップ
焼き麩…12個
三つ葉…10本
塩…小さじ⅓
薄口しょうゆ…小さじ1
【吸い口】
柚子（へぎ柚子）…４枚

〈つくり方〉
①昆布とかつお節の一番だしをとる［p.16］。
②焼き麩は、ボウルに入れて水にひたし、やわらかくなったら水気をしぼっておく。三つ葉を３～４cm長さに切る。
③焼き麩と三つ葉を椀に盛っておく。
④鍋にだしを入れて火にかけ、沸騰したら火を弱め、塩、薄口しょうゆで味を調えて火を止める。
⑤④の汁を③の椀によそい、吸い口の柚子をそえる。

＊焼き麩には、水で戻す必要のないものもあります。袋の表示に従ってください。
＊三つ葉は吸い口と兼用できる香り野菜ですので、吸い口がなくても大丈夫ですよ。

おぼろ昆布とみょうがのすまし汁

便利なおぼろ昆布やとろろ昆布はいつも常備しておきたいですね。季節の野菜ととり合わせれば、かんたんにすまし汁がつくれます。

〈材料〉4人分
だし（一番だし）…4カップ
みょうが…3個
おぼろ昆布…約12g
塩…小さじ⅓
薄口しょうゆ…小さじ1

〈つくり方〉
①昆布とかつお節の一番だしをとる［p.16］。
②みょうがは、洗って水気をきって縦半分に切り、縦に薄切りにし、椀に盛っておく。
③おぼろ昆布も、ひとり分ずつ椀に盛っておく。
④鍋にだしを入れて火にかけ、沸騰したら火を弱め、塩、薄口しょうゆで味を調えて火を止める。
⑤④の汁を③の椀によそう。

＊旬の露地もののみょうがは、泥つきのものもあります。泥は水に浸けておけば、かんたんにとれます。
＊おぼろ昆布やとろろ昆布は、真昆布や利尻昆布を薄く削ってつくる昆布の加工品。だしが出るので、熱湯と薄口しょうゆ一滴で、すまし汁がつくれます。

のりの生姜汁

のりと生姜があればつくれる即席のすまし汁。ごはんをつくる時間があまりないとき、「なんにも浮かばない…」なんてときにどうぞ。

〈材料〉４人分
だし（一番だし）…４カップ
のり…２枚
塩…小さじ⅓
薄口しょうゆ…小さじ１
水溶き片栗粉
（片栗粉小さじ２＋水大さじ１）
生姜のしぼり汁……⅓片分
【吸い口】
おろし生姜……⅓片分

〈つくり方〉
①昆布とかつお節の一番だしをとる［p・16］。
②布巾にのりをつつみ、もんで細かくする。
③生姜はすりおろし、おろし生姜としぼり汁に分けておく。
④鍋にだしを入れて沸騰したら火を弱め、塩と薄口しょうゆで味を調え、再び沸騰させて水溶き片栗粉でまとめる。
⑤火を止めて、生姜のしぼり汁と②ののりを④に手早く入れ、椀に汁をよそい、おろし生姜をそえる。

かきたま汁

汁を濁らせず、卵を雲のように仕上げるのがポイント。吸い口を替えて、一年中味わいましょう。おいしく仕上げるコツは卵を入れたあと、約一分おいて火を通すこと。

〈材料〉４人分
だし（一番だし）…４カップ
三つ葉…½束
卵…３個
塩…小さじ⅓
薄口しょうゆ…小さじ１
水溶き片栗粉
（片栗粉大さじ１＋水大さじ１）
【吸い口】
青柚子（へぎ柚子）…４枚

〈つくり方〉
①昆布とかつお節の一番だしをとる［p・16］。
②三つ葉は、２㎝長さに切っておく。
③卵は、ボウルに割り入れ（必ず１個ずつ試し割りをして鮮度をたしかめること）、白身を切るように箸を立ててよくとく。
④鍋にだしを入れて中火にかけ、沸騰したら火を弱め、塩、薄口しょうゆで味を調え、再び沸騰したら水溶き片栗粉をまわし入れてとろみをつける。おたまで、かき混ぜながら、もう一度煮立てる。
⑤卵は、鍋の外側から注意深く細くまわし入れ、火を止める。卵が浮き上がってきたら鍋のふちを見て、卵汁で汁が濁っていないのを確認し（卵が半生状態だと濁っている）、泡立て器で手早くかき混ぜ、②の三つ葉を加える。
⑥椀によそい、柚子をそえる。

＊吸い口には、木の芽やおろし生姜もあいます。

若竹汁

わかめと筍、吸い口の木の芽は春の香りの出合いのもの。熱々の一番だしで、煮えばなを楽しみましょう。

〈材料〉4人分
だし（一番だし）…4カップ
筍（ゆでたもの）…150g
わかめ（干し）…10g
塩…小さじ⅓
薄口しょうゆ…小さじ⅔
【吸い口】
木の芽…8枚

〈つくり方〉
①昆布とかつお節の一番だしをとる［p・16］。
②筍は、上部は薄い櫛形に切り、その下は輪切りにしてから短冊切りにし（口当たりをよくするため、薄切りにする）、さっとゆでておく［a］。
③わかめは、水に浸けて戻してからかたい茎を切りとって3㎝角に切る。沸騰した湯でさっとゆで、ザルにあげて水気をきる［p・85］。
④鍋にだしを入れて火にかけ、沸騰したら火を弱め、塩と薄口しょうゆを加えて味を調える。
⑤④の汁に筍とわかめを入れ、沸騰したら火を止める（わかめの香りがとぶので、グラグラ煮ないこと）。
⑥椀に盛り、木の芽はたたいて香りを出してからそえる。

［a］筍をゆでるのは、味をしみやすくさせるためです。

江戸風雑煮

お正月には、だしとりをしてみませんか。おもちと三つ葉、柚子だけでも満足するおいしさ。

〈材料〉4人分
だし（一番だし）…4カップ
鶏もも肉…100g
かまぼこ（紅・白）…各2cm分
干し椎茸（小）…4枚
三つ葉（小松菜でもよい）…20本
切りもち…8切れ
A
 塩…小さじ⅓
 酒…小さじ2
 薄口しょうゆ…小さじ1
【吸い口】
柚子（へぎ柚子）…4枚

〈つくり方〉
①昆布とかつお節の一番だしをとる［p・16］。
②鶏肉は、さっと洗って沸騰した湯にさっとくぐらせ（霜ふり）、ひと口大のそぎ切りにしておく。
③かまぼこは、5mm幅に切る。干し椎茸は、水に浸けて戻して軸をとる（戻し汁はつかわない）。三つ葉は熱湯の中にさっとくぐらせ、8cm長さに切りそろえておく。
④分量のだしに②の鶏肉を入れて火にかけ、沸騰したら火を弱めてアクをすくい、弱火で5分間煮る。③の干し椎茸を加え、Aを加えて味を調え、火を止める。
⑤もちをオーブントースターで焼き、焼き色がついたら［a］椀に盛る。
⑥④の汁を火にかけ、沸騰したらかまぼこを入れて火を止め、⑤の椀に鶏肉、かまぼこ、三つ葉、椎茸を盛り込み、汁を脇からそっとよそい、柚子をそえる。

［a］焼き目の香ばしさも味のうちです。

枝豆のすりながし汁

色が美しいだけではなく、枝豆の香りもしっかり味わえます。一年に一回は味わいたい季節感たっぷりの汁もの。一番だしの力に感心してしまいます。

〈材料〉4人分
だし（一番だし）…4カップ
枝豆…600g
（さやをむくと130〜150g）
塩…小さじ1
薄口しょうゆ…小さじ⅔
水溶き片栗粉
（片栗粉大さじ1＋水大さじ1）

【吸い口】
木の芽…4枚

〈つくり方〉
①昆布とかつお節の一番だしをとる［p.16］。
②枝豆は洗い、ボウルに入れて塩（分量外）をふり、強くもむ。
③鍋に熱湯を沸かし、②の枝豆を洗わずに入れ、4分位ゆでる。
④ゆであがったら、さやからとり出し、薄皮をむき、すぐにすり鉢でする［a］。だしを少しずつ加えてのばしていく（ミキサーを使ってもよい）。
⑤④を鍋に入れて強火にかけ、沸騰しかけたらアクをとり、塩と薄口しょうゆを加え、水溶き片栗粉を入れてとろみをつけ、30秒位かき混ぜて火を止める。
⑥⑤を椀によそい、木の芽をたたいて香りを出してからそえる。

＊塩は、他の吸いものより少し強めです。

［a］時間がたつとすりにくくなるので、手早くすりましょう。

冷やしとろろ汁

喉ごしがよく、ジアスターゼたっぷりの山芋。食欲のない暑い日、麦ごはんにそえてどうぞ。

〈材料〉4人分
だし（一番だし）…2カップ
山芋（またはイチョウ芋）…400g
酢水（水1カップ＋酢小さじ1）
卵黄…1個分
塩…小さじ1
薄口しょうゆ…小さじ1
【吸い口】
もみのり…適量

〈つくり方〉
①昆布とかつお節の一番だしをとる［p.16］。
②すまし汁をつくっておく。鍋に、だしを入れて火にかけ、沸騰したら塩、薄口しょうゆを加え、火からおろして、そのまま冷ましておく。
③山芋は、皮をむいて（つかみやすいよう、上部の皮は少し残しておく）、酢水に20分位浸けておき、布巾で水気をふく。
④乾いたすり鉢のみぞに③の山芋をこすりつけてすりおろし、さらにすりこぎですってなめらかにし、卵黄を加えてすり混ぜる。
⑤布巾にのりを包み、もんで細かくする。
⑥④のとろろに②のすまし汁を少しずつ加えてすりのばし、椀に盛り、⑤のもみのりをそえる。

＊吸い口には、青のりもあいます。

空也蒸し

茶碗蒸しは、火の扱いさえおぼえればかんたんです。
空也上人というお坊さんが考案したといわれている、豆腐だけを実にした茶碗蒸しです。固形物が苦手な小さなお子さんや年配の方につくってあげましょう。

〈材料〉4人分
茶碗蒸しの卵液
だし（一番だし）…2カップ
卵…3個
塩…小さじ⅓
薄口しょうゆ…小さじ1
みりん…小さじ1
豆腐（絹ごし）…½丁
しょうゆ（下味用）…適量
おろし生姜…½片分（生姜のしぼり汁でもよい）

〈つくり方〉
①昆布とかつお節の一番だしをとる［p・16］。
②絹ごし豆腐を4等分に奴にして、ボウルにしょうゆを入れて、下味をつけて味をしめる（しょうゆ洗いという）［a］。
③蒸し器のふたに布巾をかぶせ、鍋底には水を入れ、火にかける。
④茶碗蒸しの地・卵液をつくる。だしに塩、薄口しょうゆ、みりんを入れて、混ぜておく。卵をボウルに割り入れ、泡を立てないように箸でといて卵液をつくり、用意していただしを加え、裏ごし器でこす［b］。
⑤蒸し器の息が上がったら、蒸し茶碗に②の豆腐を入れ、卵液をそそぎ入れて、ふたを少しずらして蒸す［c］。はじめの1分は強火、あとは弱火で約15分間蒸す。
⑥蒸し上がったら［d］、おろし生姜を天盛りにする。

［a］しょうゆの塩分で豆腐の水分をぬくとともに、下味をつけます。

［b］なめらかな食感が命の料理。こすことで、卵のカラザやとけにくい白身をとりのぞきます。

［c］スができないよう、ふたをずらして熱い蒸気を逃がし、蒸し器内の温度が上がりすぎないようにします。

［d］串を刺し、なにもついてこなければ火が通っています。

けんちん汁

豆腐を主として、こんにゃく、根菜類をごま油で炒めてつくる香ばしいおかず汁。だしは煮干しをつかっていますが、元は精進料理。すっきりとした味の昆布だしもおすすめです。

〈材料〉4人分
だし（煮干し＋干し椎茸の戻し汁）…5カップ
具
豆腐（木綿）…½丁
干し椎茸…3枚
ごぼう…80g
大根…200g
人参…50g
里芋…3個（150g）
こんにゃく…⅓枚
ごま油…大さじ1
A
酒…小さじ1
塩…小さじ⅔
濃口しょうゆ…大さじ2
【吸い口】
青ねぎ（小口切り）…適量

〈つくり方〉
①煮干しだしをとる［p.22］。
②具の下ごしらえをする［a］。
豆腐はさっとゆでて重しをし、30分位水きりをしてから手でくずす。

干し椎茸は、水に浸けて戻し［b］軸をとり、大きさにより4〜6ツ切りにする。

ごぼうは、タワシで皮を軽くこすって洗い、3㎜幅の斜め切りにし、10分間水に浸けてアクをぬく。

大根、人参は皮をむき、縦4〜6ツ割りにして3㎜幅に切る。

里芋はタワシで皮をこすって洗い、沸騰した湯で3分間ゆでて、皮をむき、縦4〜6ツ割りにして1㎝幅に切る。

こんにゃくはアクをぬいて［p.54］、3㎜幅に切り、水からゆでて、沸騰したらザルにあげて冷ます。
③鍋にごま油を熱し、豆腐、ごぼう、大根、人参を入れて1分位炒め、次に里芋、こんにゃく、干し椎茸を加えてしっかり炒める。
④だしを加えて中火で煮ていき、野菜がやわらかくなったらアクをすくい、Aを入れて味を調える。
⑤沸騰したら火を止め、椀によそってねぎをちらす。

［a］具は火の通り方が均一になるように、ほぼ同じ大きさに切ります。

［b］干し椎茸を戻すときの水は、入れすぎないこと。戻し汁は、好みでだしに加えましょう。

いわしのつみれ汁

いわしをさばくのが苦手なら魚屋さんにさばいてもらいましょう。手づくりのつみれは、いわしの香りと、長ねぎの香りの相性が絶妙です。

〈材料〉4人分
だし（昆布）…5カップ
つみれ
　いわし（大）…4尾
　長ねぎ…1本
　おろし生姜…½片分
　酒…大さじ1
　赤みそ…大さじ1
　片栗粉…大さじ1
　塩…小さじ½

塩…小さじ1
薄口しょうゆ…小さじ2
生姜のしぼり汁
（おろし生姜のしぼり汁）
【吸い口】
長ねぎ（白髪ねぎ）…1本
おろし生姜…1片分
粉山椒…適宜好みで

〈つくり方〉
①昆布だしをとる［p・19］。
②いわしをさばき（下記参照）、包丁でたたいて細かくする［a］（ミキサーをつかうと食感がかたくなります。つかうのであれば、ほんの数秒だけの使用がおすすめ）。
③長ねぎ1本はみじん切りにし（つみれ用）、もう1本は、4cm長さの白髪ねぎにして（吸い口用）、水にさらしてパリッとさせておく。
④生姜は皮のまますりおろし、つみれ用と吸い口用に分けておく。
⑤②のいわしをボウルに入れて、つみれの具と調味料を加えて混ぜ合わせる。粘りが出るほどによく練り、すり身をつくる。
⑥鍋に、だしを入れて火にかけ、塩と薄口しょうゆを入れ、沸騰したら中火にして、⑤のすり身を手のひらで丸く形をととのえながら入れて［b］、火を通していく。
⑦つみれが浮き上がってきたらていねいにアクをすくい、生姜のしぼり汁を入れる。
⑧椀によそい、③の白髪ねぎとおろし生姜、あれば粉山椒をそえる。

［a］鶏のひき肉程度に細かくたたき、包丁を寝かせてつぶします。

［b］材料を合わせてからは、よく練るとおいしくなります。

いわしのさばき方

いわしは身がやわらかいので、包丁を使わずに「手開き」をします。

1 頭と内臓をとって、腹の中をよく洗う。中骨の上に親指をそろえて左右に指を引き、腹を開く。

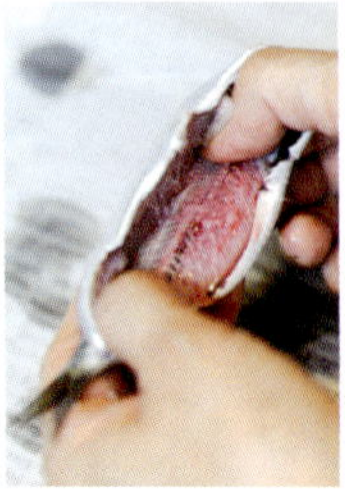

2 中骨と尾びれをぬきとる。

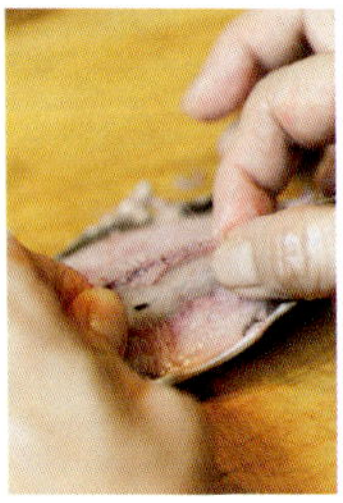

3 皮は、頭側の腹の部分をつまみ、尾のほうに引けばかんたんにとれる。

蛤の潮汁

潮汁は、昆布だしで材料の持ち味を引き出してつくる吸いもの。蛤の潮汁は、沸騰したら火を止め、手早く調理を進めましょう。強火にしたり、時間を長くかけると、身がかたくなります。
十月から三月がおいしい時期です。

〈材料〉4人分
昆布…10g
水…4カップ
蛤…8～12個
塩…小さじ1/3
薄口しょうゆ…小さじ1/3
酒…小さじ2
【吸い口】
木の芽…8枚

〈つくり方〉
①蛤の下ごしらえ（下記参照）をする。
②鍋に昆布と水（または昆布だし）、蛤を入れて火にかける。
③ボウルに盆ザルをのせて布巾を敷き、沸騰寸前に火を止めて、汁と蛤をあけてこす［a］。
④蛤の身は殻から外し、ひとつの殻にふたつ入れ、椀に盛っておく。
⑤③のこした汁を鍋に戻し火にかけて、沸騰したらアクをすくい、味見をしてから、塩、薄口しょうゆ、酒を加え、弱火にして3分煮て火を止める。
⑥椀によそい、木の芽をたたいて香りを出してから、そえる。

［a］静かにこしましょう。

蛤の下ごしらえ

1砂をはかせる。
洗わずに3％の塩水に浸け、暗いところに7～8時間おいて、砂をはかせる。水の量は、蛤の殻が少し水面から出る程度のひたひた位に。

2殻の汚れをとる。
汚れは、落とさないと汁の中にとけ出す。砂出しをしたら、流水の中で、殻のぬめりをきれいに洗う。

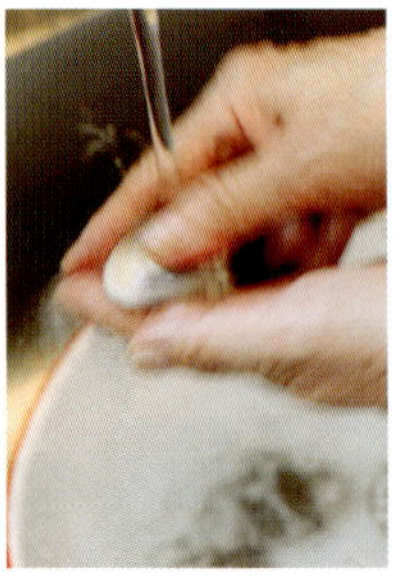

みそ汁

毎日飲むみそ汁を、天然のだしで、もっとおいしくしましょう。
みそ汁はわずかな時間でできるのですから、
目を離さずにていねいにつくりましょう。

○だし

上等なのは一番だしですが、煮干しだし、昆布と煮干しだしがよくあいます。昆布だしもおいしい。煮えにくい材料をだしで煮るときは、だしを多めに入れます。

○調味

みそ汁一人分の標準的なみその量は、辛口みその場合は15g、甘口の場合は20gです。もしも薄いときはみそを加えるのではなく、しょうゆで味を調えます。濃すぎたら温めただしを足してください。お湯などで薄めるとまずくなります。

みそを入れたらグラグラと煮立てないこと。一番大切なことです。沸かすと味も香りも悪くなり、しっとりした口当たりも失われてしまいます。そのためにも、みそは事前にといておきましょう。

○みそ

毎日のことですから、みそは一種類ではなく甘口、辛口の二種類はそろえておきたいですね。夏は辛めの赤みそでさっぱりと、冬は白みそをつかって甘みの強いみそ汁にするなどの工夫も大切。合わせみそは、同系のみそ同士を合わせ、ふくさみそは系統のちがうみそを合わせたもの。一種のみそでは味わえない、味の重なりにより、旨みが深くなります。出身地のみそをベースにするのがおすすめです。

○実

朝のみそ汁の実、いつも同じではあきられてしまいます。汁の実で、季節の変化を楽しみましょう。

春…玉ねぎ、うど、新じゃが
夏…かぼちゃ、新さつまいも、凍み豆腐
秋…キャベツ、ずいき、麩
冬…白菜、焼きねぎ、小松菜、切干し大根

また、前日つかった野菜は、翌日の汁の実のために残しておきましょう。忙しいときは、薄く切ったり細かく切って、火の通りが早くなるようにすればいいのです。

○吸い口［p.29］

ほんの少量そえるだけで、みそ汁の味を引き立てます。春はふきのとう、木の芽、うど、あさつき。夏は、みょうが、生姜、実山椒、花穂。秋は柚子、冬は、ねぎ、せり、柚子など。白みそには溶き辛子が汁ものの味を引き立てます。

○盛りつけ

食卓にみんなの顔がそろってからみそを入れて温め、プクッとふいたら火を止めてよそいましょう。

帰宅の遅い人の分は、みそを入れないで、汁とみそをとり分けておきます。

みその種類

こまめに少量ずつ求めて、好みのみそを見つけましょう。
みそは大豆を発酵させる麹の種類で大別すると、米みそ、麦みそ、豆みその3種類に分けられます。辛さは、塩の量により、甘口、辛口になります。

信州みそ（淡口）
米みそ。塩味のさっぱりとまろやかな味が、全国的に人気がある。米麹が辛口よりも多いため甘みがある。

信州みそ（辛口）
米みそ。酸味のあるすっきりした味が人気。

麹みそ
米みそで赤みそ系。味は中辛。

豆みそ（八丁みそ・三州みそ）
保存食として発展した日本最古の醸造法のみそ。長い熟成期間中に自然の旨みが加わり、渋みと香気が高く濃厚な味になり、長期保存に耐えるみそになる。愛知県産。

白みそ（西京みそ）
米みそ。京都を中心につくられている甘口の代表。本来は茶懐石でつかわれ、普段につかうなら冬から春に。酢みそなどの料理用にもつかわれる。

仙台みそ
米みそ。赤みそ系。貯蔵用、保存食として発展したみそで、貯蔵により塩がなれ、やさしい辛口のものが多い。

麦みそ
甘口と辛口がある。甘口は九州、山口、愛媛地方に多く、辛口は関東北部に。各地の伝統みそとしていろいろつくられている。

◎みその選び方
まずは、塩味をたしかめて。塩の辛さが感じられるみそは、熟成されていない証拠で、強い旨みが「あと口に残るもの」には添加物が混入されています。本物のみそは、天然の発酵食品。香りがまろやかで、塩辛くなく、味に丸みがあります。買う前にパッケージの表示を見て、原材料が「米、大豆（遺伝子組み換えでない）、塩」と、3点のみのものを選びましょう。

◎保存法
保存食ですが、生きている発酵食品です。開封すると風味が落ちていきます。300〜500g入りの、なるべく少量のものを買って、早くつかいきりましょう。保存は、ほうろうの容器に入れて、冷蔵庫のあまり冷えない場所におきます。

大根と油揚げのみそ汁

油揚げをつかうとなんでもおいしくなるでしょう? 油ぬきした油揚げからは、まろやかな大豆のだしが出るんですよ。大豆は精進料理のだし素材ですものね。

〈材料〉4人分
だし(煮干し)…4カップ
みそ(信州みそ)…80g
大根…200g
油揚げ…1枚
【吸い口】
青ねぎ…適量

〈つくり方〉
①煮干しのだしをとる[p・22]。
②分量のだしから½カップをボウルにとり分け、みそをといておく。
③大根は5㎜幅の細切りにする。吸い口のねぎは1㎝長さの斜め薄切りにする。
④油揚げは油ぬきしてザルにあげ(下記参照)、冷めたら縦半分に切り、小口から1㎝幅に切って、水気をぎゅっとしぼる。
⑤鍋にだしを入れ、③の大根と④の油揚げを入れて強火にかけ、沸騰したらアクをとり、火を弱めて約4~5分煮て大根に火を通す。
⑥大根がやわらかくなったら②のみそを加え、プクッとふいてきたらアクをすくい、火を止める。
⑦椀によそい、③のねぎをそえる。
*吸い口には、柚子やニラもあいます。

油揚げの油ぬきの仕方

油揚げは、熱湯をかけるのではなく、沸騰した湯に入れ、箸で沈めるようにしながら2分ほどゆでてしっかりと油ぬきをします。油揚げの油分をしっかりとぬくことで、だしと調味料がしみこむようになるのです。

油ぬきした油揚げはザルにあげて、水気をきりましょう。

小松菜と油揚げのみそ汁

おとうさんも、子どもたちも、家族みんながつくれるようにしたい菜っぱのみそ汁。のらぼう菜、からし菜、水菜、キャベツ、白菜など身近な菜っぱでどうぞ。

〈材料〉4人分
だし（煮干し）…4カップ
みそ（仙台みそ）…60g
小松菜…150g位
油揚げ…1枚
【吸い口】
粉山椒…適宜好みで

〈つくり方〉
①煮干しのだしをとる［p・22］。
②分量のだしから½カップをボウルにとり分け、みそをといておく。
③小松菜は沸騰した湯に塩をひとつまみ（分量外）入れた鍋に入れてゆでる。緑色がさえてきたら、水に放し、水気をきってから3㎝長さに切る。
④油揚げは沸騰した湯で2分ほどゆでて油ぬきし［p・48］、冷めたら縦半分に切り、小口から5㎜幅に切って、しっかり水気をしぼる。
⑤鍋にだしを入れ、強火にかけてひと煮立ちしたら③の小松菜と④の油揚げを入れる。火を弱めて②のみそを加え、プクッとふいてきたらアクをすくい、火を止める。
⑥椀によそい、粉山椒をそえる。

＊吸い口には、ねぎや柚子もあいます。

葉ものの汁の実のゆで方

栄養的にすぐれているのは、沸騰しただしに、直接野菜を入れてゆでる方法です。別ゆでするとと葉ものの味と香りが味わえます。

豆腐とわかめのみそ汁

身近な材料でつくる朝のみそ汁の代表。おいしさのコツは、戻したわかめをさっとゆでておくことと豆腐を煮すぎないことです。

〈材料〉4人分

だし（煮干し）…4カップ
みそ（信州みそ）…80g
豆腐（絹ごし）…⅔丁
わかめ（干し）…5g位

【吸い口】

青ねぎ（小口切り）…適量

〈つくり方〉

①煮干しのだしをとる［p・22］。
②分量のだしから½カップをボウルにとり分け、みそをといておく。
③わかめは水に浸けて戻し、かたい茎を切りとり、食べやすい大きさに切る。沸騰した湯でさっとゆで、ザルにあげて水気をきる［p・85］。
④豆腐は3×2㎝角に切り、ねぎは小口切りにする。
⑤鍋にだし、豆腐、わかめを入れて火にかけ、ひと煮立ちしたら火を弱めて、②のみそを加える。プクッとふいてきたらアクをすくい、火を止める。
⑥椀によそい、ねぎをちらす。

豆腐の扱い方

豆腐は、煮すぎるとかたくなったり、スが入ったりして味が悪くなります。おいしさの目安は、豆腐が浮き上がったとき。急いで火からおろしましょう。買ってきた豆腐は冷蔵庫に入れる前に水を替えておきましょう。豆腐が生き返り、ぐんとおいしくなります。

豆腐となめこのみそ汁

つるりとした豆腐となめこ。このみそ汁の人気の秘密は、食感の似た実の組み合わせと口当たりのよさにあります。

〈材料〉4人分
だし(煮干し)…4カップ
みそ(赤みそ)…60g
なめこ(生)…80〜100g
豆腐(絹ごし)…⅔丁
【吸い口】
青柚子(へぎ柚子)…4枚

〈つくり方〉
①煮干しのだしをとる[p・22]。
②分量のだしから½カップをボウルにとり分け、みそをといておく。
③なめこは、ザルに入れて軽く水洗いして[a]、水気をきっておく(缶詰のなめこの場合は、ザルに入れて沸騰した湯をさっとかける)。
④豆腐は1・5〜2cm角のさいの目切りにする。
⑤鍋に、だしとなめこを入れて中火にかけ、ひと煮立ちしたら、火を弱める。②のみそを入れ、豆腐を入れて、プクッとふいてきたらアクをすくい、火を止める。
⑥椀によそい、柚子をそえる。

*赤みそでもよいのですが、あれば赤だしみそでつくってみてください。とろりとした赤だしなら、さらに口当たりがよくなります。

[a] なめこはぬめりが命。洗いすぎは禁物です。

ごま油焼き茄子のみそ汁

フライパンで上質のごま油をつかって焼いただけの茄子。ヘタなお肉なんかにゃ負けないぞ、っていう力があります。

〈材料〉4人分
だし（煮干し）…4カップ
みそ（信州みそ）…80g
茄子…2本
みょうが…2本
ごま油…大さじ3

〈つくり方〉
①煮干しのだしをとる［p・22］。
②分量のだしから½カップをボウルにとり分け、みそをといておく。
③みょうがは、縦半分に切って、薄いせん切りにする。
④茄子は2cm厚さに切りアクをぬく。10分たったらとり出し、ペーパータオルでしっかり水気をふく。
⑤フライパンに、ごま油を入れて熱し、④の茄子を入れて両面を焼き、焼き色がついたら椀に入れておく。
⑥だしを中火にかけ、沸騰したら、火を弱めて②のみそを加え、プクッとふいてきたらアクをすくい、火を止める。
⑦⑤の椀によそい、③のみょうがをそえる。

茄子のアクぬきの仕方

切ってすぐに調理するのであればアクぬきは必要ありません。約10分間水に浸けますが、茄子の表面が水から出ていたら、アクぬきの意味がありません。浮かないように、重めの皿などで落としぶたをするとよいですよ。

半熟卵のみそ汁

一日一個は食べたい、ほぼ完全栄養食の卵。忙しい朝のみそ汁におすすめです。みそ汁につかうときは、別鍋でポーチドエッグをつくり、汁に入れます。

〈材料〉4人分
だし（煮干し）…4カップ
みそ（信州みそ）…80g
卵…4個
卵をゆでる用
　水…4カップ
　塩…小さじ1
　酢…大さじ½
三つ葉…12本

〈つくり方〉
①煮干しのだしをとる［p・22］。
②分量のだしから½カップをボウルにとり分け、みそをといておく。
③三つ葉を3～4㎝長さに切る。
④半熟卵をつくる。
鍋に、水を入れて沸騰させてから、塩、酢を加え、いったん弱火にしてから卵を1個ずつ静かに割り入れる。中火で卵白を箸でまとめるようにしながら約3分間ゆでて、箸で鍋のふちを同方向にぐるぐる回して流れをつくり、とり出して椀に入れておく。
⑤鍋に、だしと③の三つ葉を入れて中火にかけ、沸騰したら火を弱めて②のみそを入れる。プクッとふいてきたらアクをすくい、火を止める。
⑥卵を入れた④の椀に汁をよそう。

たぬき汁

お肉の代わりにこんにゃくを代用した、もとは精進料理のみそ汁です。

〈材料〉4人分
だし（煮干し）…4カップ
ふくさみそ
―赤みそ…60g
―白みそ…20g
こんにゃく…⅔枚
干し椎茸…4枚
ごぼう…100g
人参…30g
糸三つ葉…4本
【吸い口】
おろし生姜…½片分
七味唐辛子…適宜好みで

〈つくり方〉
①煮干しのだしをとる［p・22］。
②分量のだしから½カップをボウルにとり分け、みそをといておく。
③具の下ごしらえをする。
干し椎茸は水に浸けて戻し、石づきをとってせん切りにする。

ごぼうは、タワシで皮をこそげとり、ささがきにして約5分間水に浸け、アクぬきをして水気をきる。

こんにゃくは、アクぬきをして（左記参照）1×3cm長さ、5mm幅の短冊切りにする。人参はせん切り、糸三つ葉は3cm長さに切る。
④鍋にごま油（分量外）を熱し、③の具の糸三つ葉以外を入れて炒め、ごぼうに透明感が出てきたら、だしを加え、沸騰したらアクをすくい、弱火で8分ほど煮る。
⑤②のみそを鍋に加え、糸三つ葉を入れ、プクッとふいてきたらアクをすくい、火を止める。
⑥椀によそい、おろし生姜をそえる。

こんにゃくのアクぬきの仕方

2枚にそぎ切りし、両面に塩をふってもみ、洗ってからすりこぎでたたきます。必要な大きさに切って、水からゆで、沸騰したらザルにあげて水気をきります。時間があれば、から炒りをして水分をぬきましょう。

納豆汁

消化がよくて栄養たっぷりの納豆。すり鉢ですり、だしでのばせば、するするとさっぱりいただけます。

〈材料〉4人分
だし（煮干し）…5カップ
赤みそ…70g
納豆…1パック（80～100g位）
しめじ…1パック
【吸い口】
長ねぎ（小口切り）…適量

〈つくり方〉
①煮干しのだしをとる［p.22］。
②分量のだしから½カップをボウルにとり分け、みそをといておく。
③納豆は、まな板の上にのせ、包丁で少しきざんですり鉢に入れてすり、½カップのだしを半量ずつ加えてのばす［a］。
④しめじは石づきを切りとり、小房に分ける。
⑤鍋にだしを入れて中火にかけ、沸騰したらしめじを入れる。再び沸騰したらすり鉢の納豆を入れ、②のみそを加えて、プクッとふいてきたらアクをすくい、火を止める。
⑥椀によそい、ねぎをちらす。

＊吸い口には、柚子、三つ葉、溶き辛子などもあいます。

［a］納豆は、ひきわりより、粒のままのほうが豆の味を楽しめます。

あさりのみそ汁

なぜおいしいかって、あさりの殻からもだしが出るからですよ。一年中ありますが、とくにおいしいのは、むっちりあさりが肥った、一月から四月頃までです。

〈材料〉4人分
だし（昆布）…4カップ
合わせみそ
　信州みそ…60g
　仙台みそ…20g
あさり…500g
【吸い口】
青ねぎ（小口切り）…適量
粉山椒…適宜好みで

〈つくり方〉
①昆布だしをとる［p・19］。
②あさりの下ごしらえをする（下記参照）。
③分量のだしから½カップをとり分け、みそをといておく。
④鍋にあさり、だしを入れて中火にかけ沸騰させる。
⑤昆布のアクをすくい、弱火にして煮て、あさりの殻が全部開いたら、アクをすくう。
⑥火を弱めて②のみそを入れ、プクッとふいてきたらアクをすくい、火を止める。
⑦椀によそい、ねぎをちらし、好みで粉山椒をふりかける。

＊昆布だしをとれないときや急ぎのときは、鍋にあさり、昆布10g、水4カップを入れて中火にかけ、沸騰寸前に昆布をとり出します。

あさりの下ごしらえ

1 砂をはかせる。
砂出ししていないあさりの場合は、洗わずに3%の塩水に浸けて、暗いところに7~8時間おいて砂をはかせる。水の量は、貝の頭が半分出る位に。

店売りの「砂ぬき」の場合でも、30分は塩水に浸けましょう。

2 殻の汚れをとる。
汚れは、汁の中にとけ出す。砂出しをしたら、ポリ袋に、あさり、水1カップ、塩少々を入れて、殻と殻をこするようにもみ、水に濁りが出なくなるまで洗っておく。

小かぶの白みそ汁

一番だしでのばしたたっぷりの白みそ汁。「ポタージュよりもずっとおいしい！」と教室で大人気のみそ汁です。やわらかで味を含みやすい小かぶと油揚げの食感もおいしさのポイント。

〈材料〉４人分
だし（一番だし）…５カップ
白みそ…１８０g
小かぶ…２個（３００g）
油揚げ…１枚
酒…小さじ１
薄口しょうゆ…小さじ１
【吸い口】
溶き辛子…適量

〈つくり方〉
①昆布とかつお節の一番だしをとる［p・16］。
②分量のだしから½カップをとり分け、みそをといておく。
③油揚げは熱湯で２分ほどゆでて油ぬきし［p・48］、冷めたら縦半分に切ってから短冊切りにして、しっかり水気をしぼる。
④小かぶは、新鮮なものを選び、葉茎を３cm位つけたまま厚く皮をむき、縦４〜６ツ割りにする。
⑤鍋に、残りのだしを入れ、④の小かぶを入れて中火にかけ、沸騰したら弱火にして、固ゆでにしてとり出しておく（ゆですぎると味がぬけてしまう）。
⑥②のみそを⑤の鍋に入れ、酒、薄口しょうゆを加え、弱火で15分煮て、アクをすくい、小かぶと油揚げを入れて、火を止める。
⑦椀によそい、溶き辛子［p・86］をそえる。

＊白みそは他のみそと異なり、煮るとコクが出て、風味を失うこともありません。

里芋と春菊の白みそ汁

やわらかくゆでただけの里芋をまったりとした白みそ汁がくるみます。ここに焼きもちを入れたら、かんたんな関西風のお雑煮になりますよ。

〈材料〉4人分
だし（煮干し）…4カップ
ふくさみそ
　白みそ…100g
　赤みそ…15g
里芋…4個
春菊…5本
【吸い口】
柚子（へぎ柚子）…4枚

〈つくり方〉
①煮干しのだしをとる［p・22］。
②分量のだしから½カップをとり分け、合わせみそをといておく。
③里芋は、泥を落として、沸騰した湯に入れて約3分間ゆでてザルにあげる。皮を布巾でこすりとり（里芋のかんたんな皮のむき方）、約1cmの輪切りにする。
④春菊は、葉をつみとり、塩熱湯でさっとゆでてザルにあげ、水気をきり、1cm幅の小口切りにする。
⑤鍋にだしを入れ、アクをとりながら里芋を煮る。里芋がやわらかくなったら②のみそを加えて火を止める。
⑥椀に⑤の汁をよそい、春菊をあしらい、柚子をそえる。

粕汁

具の中にまで粕の味がしみこむよう、弱火でコトコト煮込みます。つくりたてよりも一～二時間以上おいて寝かせるほうがおいしいんですよ。もう一品おかずがあれば……なんてとき、煮ものがわりにもなるおかず汁です。

〈材料〉4人分
だし（昆布）…6カップ
酒粕（板粕）…200g
酒…大さじ3
白みそ…大さじ2
塩…小さじ1
薄口しょうゆ…小さじ2
具
塩鮭（中辛の切り身）…2切れ（350g）
生椎茸…4枚
こんにゃく…½枚
油揚げ…2枚
大根…200g
人参…70g
長ねぎ…1本

【吸い口】

青ねぎ（小口切り）…適量

〈つくり方〉
①昆布だしをとる［p・19］。
②酒粕はだし2カップと合わせ、ミキサーでとかして口当たりをよくする（ミキサーがない場合は、酒粕を細かくちぎって1時間位だしに浸し、ふやかしてからすり鉢でする）。
③具の下ごしらえをする。
鮭は2cm幅のひと口大に切り、熱湯でさっと霜ふりにする。

椎茸は、軸をとり4ツ割りにする。

こんにゃくは塩もみしてゆで、½の厚さに切って3mm幅に切り、3cm長さの短冊切りにする。

油揚げは沸騰した湯で2分ほどゆでて油ぬきをし［p・48］、冷めたら3cm長さに切って水気をしぼる。

大根、人参は、2×4cm位に切ってかためにゆでておく。

長ねぎは、斜め切りにする［a］。
④鍋に、鮭を入れて火にかけ、長ねぎ以外の具を入れ、②の酒粕と残りのだしを入れて強火にかける。
⑤沸騰したらアクをとり、弱火にしてコトコト20分煮て、長ねぎを入れ、酒とみそを入れて味見してから塩、しょうゆで調味する（塩鮭の塩分により塩気が変わるので、必ず味見をして調える）。
⑥椀によそい、ねぎを入れ、あれば粉山椒をふる。

＊塩鮭の頭、中骨、ひれを2～3時間コトコトと煮込み、やわらかくして加えると、より本格的な粕汁になります。
＊好みでもちを入れてもおいしいですよ。
＊吸い口には、粉山椒、せり、三つ葉などもあいます。

［a］具材は、ひと口で食べやすい位の大きさに切ります。

野菜の切り方

材料を切ることの根本には、食べよく、味よく、見た目よくという三つの目的があります。これに、日本人のあらゆる生活の面に芸術を生み出そうとする感覚と器用さが加わって、多くの切り方がうまれました。「自然の美」からは、いちょう、半月。「暮らし」の中からは、拍子木、さいの目。「文化」からは、短冊、色紙など、野菜の切り方にまで自然、暮らし、文化を大切にした国民性があらわれています。切り方の形が揃うと、見た目が美しいだけでなく、味がしみやすくなったり盛りつけしやすくなり、いただきやすくなります。

輪切り
大根、れんこん、人参、さつまいもなど丸いものを、小口から適当な厚さに切り、煮ものなどにつかいます。

いちょう切り
輪切りを縦横十文字に切ったもので、煮ものにしたり、椀だねにします。

さいの目切り
大根、さつまいも、人参、じゃがいもなどを、サイコロのように切ったものです。

せん切り
大根、人参などを薄い輪切りにして、縦に薄く切ったもの（千六本）と、長さを決めて、縦に薄く切ってから繊維にそって細く切るものとがあります。適当に重ねてから細く繊維に平行に切ってください。味が早くしみて、消化もよいです。

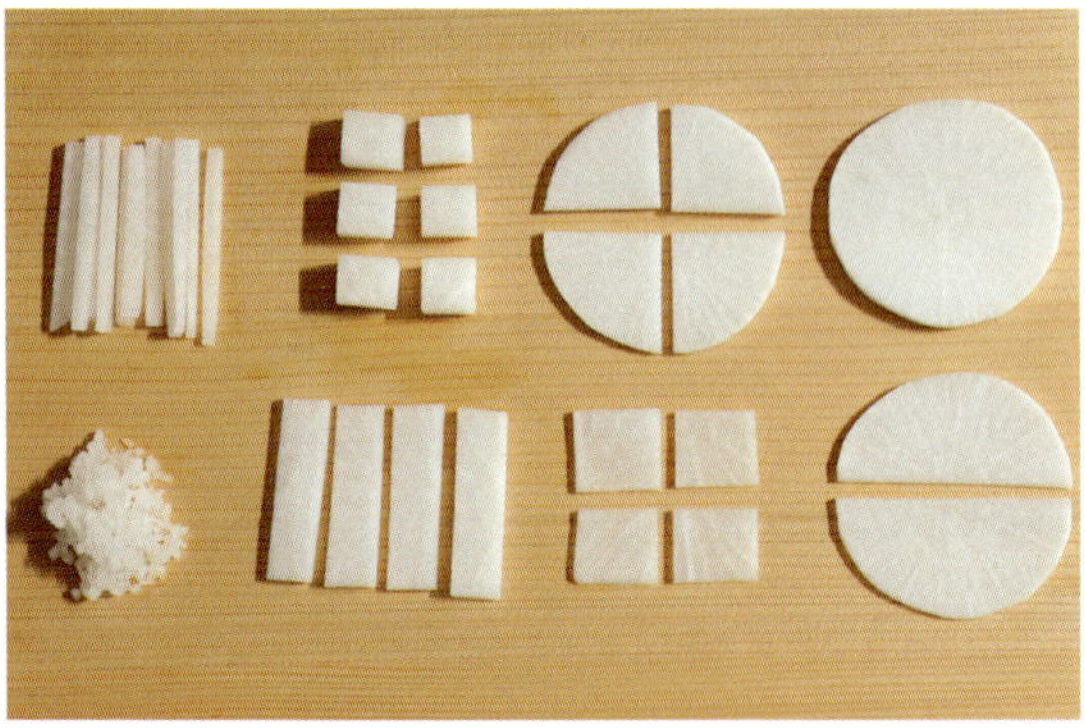

半月切り
輪切りを横半分に切ったもので、別名かまぼこ形、櫛形ともいわれ、煮ものにつかいます。

色紙切り
周囲の丸みを四方から切り落として四角にし、写真は、さらにそれを4等分して薄切りにしたものです。

短冊切り
短冊のように薄い長方形に切ったものです。うど、大根、人参などを酢のものや汁ものにつかいます。幅0・5〜1㎝×長さ3〜4㎝位の薄切りです。

みじん切り
細かくみじんに切ったものです。三つ葉、木の芽、生姜、青じそのみじん切りは、お椀や和えもの、蒸しものなどにつかいます。玉ねぎは、はじめは縦に薄く切っていき、さらに横に細かく切り目を入れ、根元を離さないようにして細かく切っていきます。

アノニマだより

anonima st.

24

アノニマ・スタジオの本 二〇一六年 晩夏～秋

©Michael Clemens, Sees The Day

ひとりではじめられる ささやかで楽しい〝暮らしの革命〟

家族4人が1年間に出すごみの量がガラス瓶1本分（＝1ℓ）という、驚異の「ゼロ・ウェイスト（ごみを出さない）」生活を続けている著者。そのクリエイティブな工夫を紹介する、実践ガイドの邦訳版です。買い物の仕方、ワードローブ選び、掃除の工夫など、興味のある身近なところから少しずつ始めることができます。モノを減らせばごみも減り、環境や経済面でも大きなメリットが生まれる。本当の豊かさとは？　快適な生き方とは？　持続可能でシンプルな暮らし方とともに、人生で大切なことや見つめ直すべきことに気づかせてくれる一冊。

ゼロ・ウェイスト・ホーム
――ごみを出さないシンプルな暮らし

ベア・ジョンソン著　服部雄一郎訳
本体1700円＋税　ISBN978-4-87758-751-2

［ベア・ジョンソン］2008年から家族で「ゼロ・ウェイスト・ライフ」を営む米カリフォルニア在住のフランス人女性。「ゼロ・ウェイストの伝道師」として多数のメディアに登場後、彼女を追ってゼロ・ウェイスト・ライフに取り組む人々が後を絶たない。2011年、アメリカの環境問題に貢献した個人を称えるGreen Award大賞を受賞。

［服部雄一郎］神奈川県葉山町役場でごみ担当職員としてゼロ・ウェイスト政策に携わる。その後UCバークレー公共政策大学院に留学、ゼロ・ウェイスト関連の国際NGOスタッフとして南インドに滞在。現在は家族5人で高知に拠点を移し、サステイナブルで自由な生き方を実践中。

第三章

だしで
もっとおいしくなる
定番のおかず

教室で、つくりたいおかずの
リクエストを募ることがあります。
一番多いのが
「おばあちゃんがつくってくれた煮もの」。
本物のだしでなければ
おいしくないおかずです。
素材の味と香りを引き出し、
さらに旨みを補うのがだし。
ひと口で味の変化に気づきます。
自分でつくったおいしい煮もの、
うれしくて、
ゆっくりと味わいたくなります。

かぼちゃの直煮

煮くずれを防ぐため、角を面とりします。だしの量はかぼちゃの約半分、落としぶたをして煮れば大丈夫。五〜六分で煮上がりますから、お鍋から離れないようにしましょう。

〈材料〉4人分
かぼちゃ…400g
煮汁
　だし（一番だし）…1カップ
　砂糖…大さじ2
　みりん…大さじ2
　濃口しょうゆ…大さじ1
削りかつお（追いがつお用）…5g
濃口しょうゆ…小さじ1
みりん…小さじ2

〈つくり方〉
①昆布とかつお節の一番だしをとる［p.16］。
②かぼちゃは種をスプーンでかきとり、横に半分に切り、同じ大きさになるよう4cm幅に縦切りにする。皮はデコボコしているところを平らになるようにむき［a］、切り口を面とりする。
③鍋に煮汁を合わせて、かぼちゃの皮を下にして入れる。落としぶたをして強火にかけ、沸騰したら弱火にして、削りかつおをガーゼに包んで加えて［b］、煮る。
④煮汁が少なくなってきたら（鍋底から2cm位）、落としぶたを外してみりんとしょうゆを加えて鍋を傾け、煮汁をかけながら残り汁が1cm位になるまで煮詰める。
⑤器に盛りつけ、煮汁があればかける。

＊かぼちゃは、切ってすぐに煮るのではなく、少し乾かしておくとポクポクした炊き上がりになります。

［a］皮をむくのは火の通りを均一にするためです。

［b］追いがつおは、だしの旨みを加え、香りをそえます。

ひじきと油揚げの煮もの

味つけは、砂糖もしょうゆも濃いめのほうがおいしいんですよ。おべんとうのおかずにも向き、保存性も高いので、常備菜として三日はもちます。

〈材料〉４人分
ひじき（干し）…40g
油揚げ…２枚
ごま油…大さじ２
煮汁
だし（煮干し）…1½カップ
砂糖…大さじ１
酒…大さじ２
濃口しょうゆ…大さじ３
白炒りごま…小さじ１

〈つくり方〉
①煮干しのだしをとる［p・22］。
②ひじきはボウルに入れ、そのままたっぷりの水を入れて洗い、約20分位浸けて戻す［a］。ザルにあげて水気をきり、４〜５㎝長さに切り、沸騰した湯でさっとゆでてザルにあげる。
③油揚げは沸騰した湯で２分ほどゆでて油ぬきし［p・48］、冷めたら縦半分に切ってからせん切りにして、しっかり水気をしぼる。
④鍋にごま油を入れて熱し、ひじきを入れて炒める。油がまわってしんなりしてきたら、油揚げを加え、だしを入れて沸騰したら弱火にして５分間煮て、煮汁の調味料を加える。
⑤落としぶたをして、ときどきしゃもじで返しながら煮汁がほとんどなくなるまで煮る。
⑥器に盛り、白炒りごまをふる。

［a］戻すと約６〜７倍に増えます。戻し時間は、パッケージの指示に従いましょう。

お煮しめ

鶏肉の入る筑前煮よりも、素朴でかんたんな煮物です。若い方のお宅で、この料理を出されたら、感動されますよ。

また、こういう煮ものは翌日もおいしくいただけます。どうせつくるなら、少し多めに煮ておきましょう。

〈材料〉4～6人分
干し椎茸…6枚
ごぼう…1本
れんこん…1節（15㎝位）
酢水（れんこん用）
…水1カップ＋酢小さじ2
人参…大1本（京人参の場合½本）
こんにゃく…½枚
厚揚げ…⅔枚（小さながんもどき6個でもよい）
絹さや…12枚
煮汁
―だし（煮干し）…2½カップ
砂糖…大さじ3
みりん…大さじ3
酒…大さじ3
―薄口しょうゆ…大さじ2
ごま油…大さじ1
仕上げ
―みりん…大さじ1
―しょうゆ…大さじ1

〈つくり方〉
①煮干しのだしをとる［p・22］。
②具の下ごしらえをする［a］。
干し椎茸は、水で戻し、軸をとる。

ごぼうは皮をタワシで軽くこすり、4～5㎝長さにブツ切りし、太ければ半割りにしてゆでる（あれば米のとぎ汁で）。

れんこんは、薄く皮をむき、1㎝幅の半月切りにし、酢水に10分浸けてアクをぬき、透明感が出るまでゆでる。

人参は皮を薄くむき、4～5㎝長さ、4～6ツ切りにしてゆでる。

こんにゃくは、アクぬきをして［p・54］、手綱にしてゆでる。

厚揚げは、約2分間ゆでて油ぬきをして2㎝角に切っておく。

絹さやは、ヘタと筋をとり、塩熱湯でゆでておく。
③厚手の鍋（中華鍋でもよい）にごま油を入れて熱し、絹さや以外の材料をざっと炒めて、とり出す。
④③の鍋をきれいに洗って、③の人参以外の材料を戻し入れ、煮汁用のだしと調味料を加えて強火にかけ、沸騰したらアクをとり、落としぶたをして弱火で煮る。
⑤煮汁が半分になったら人参を入れ、¼位になってきたら強火にし、みりんを加えて照りを出し、しょうゆを加えて香りをつける。味をからめながら1分間煮て火を止め、このまま冷ましておく。
⑥器に盛りつけ、絹さやをちらす。

＊翌日まで残っていたら、盛るときに再び火にかけましょう。そのため、煮汁は少し残しておきます。

［a］煮ものの具材はすべてひと口で食べられる大きさにそろえましょう。

ロール・キャベツ

だしは洋風料理にもつかえます。コンソメをだしに、豚肉を鶏肉に替えたロール・キャベツ。肉はイノシン酸、グルタミン酸の旨みのトマトソースとの相性もよいですしね。やさしい味、あと口のよさは、さすがだしの力です。

〈材料〉8個分
キャベツ…8枚
具
人参…50g
玉ねぎ（大）…1½個
鶏ひき肉（もも肉）…200g
塩…小さじ½
こしょう…少々
煮汁
だし（一番だし）…4カップ
玉ねぎ（大）…½個
トマトピューレー…¾カップ
みりん…¼カップ
薄口しょうゆ…¼カップ

〈つくり方〉
①昆布とかつお節の一番だしをとる［p・16］。
②野菜の下ごしらえをする。
キャベツは、破らないようにていねいにはがし、塩熱湯でゆでる。ザルにあげて水気をきり、芯の厚いところをそぎとる［a］。

人参は、2㎜幅のせん切りにしてから粗みじん切りにする。

玉ねぎは、みじん切りにして、具用と煮汁用に分けておく。
③ボウルに具の材料を合わせ、よく混ぜ合わせて、たたくようにしながら弾力が出るまでよく練る。練れたら、8等分に分けて、俵型に丸める。
④キャベツを広げて（葉先を向こう側におく）③の具を根元寄りにのせて包み［b］、つまようじで留める。
⑤厚手の鍋の底に玉ねぎのみじん切りを敷き、その上にロール・キャベツを並べる［c］。すき間にキャベツの芯を入れ、煮汁の材料を混ぜ合わせてからロール・キャベツの上に注ぐ。落としぶたをして強火にかけ、煮立ったら弱火にし、45分ほど煮込む。
⑥器にロール・キャベツを盛り、煮汁をたっぷりとかける。

［a］

［b］

［c］

鶏肉の南蛮漬け

鶏肉は、こんがりと二度揚げしてから南蛮酢に漬けます。わたしの南蛮酢は、だしを多めにつかってますから、酢がツンツン立たなくてまろやか。食べやすいので男性にも喜ばれます。一週間は日もちしますが、おいしいのは三日間位。長くおきすぎると、かたくなってしまいます。

〈材料〉4人分

南蛮酢
- だし（一番だし）…1カップ
- 酢…1カップ
- 砂糖…大さじ2
- 薄口しょうゆ…大さじ2

鶏もも肉…2枚
長ねぎ…2本
紫玉ねぎ（小）…2個
ピーマン…4個
赤唐辛子（小口切り）…1〜2本
小麦粉…適量
揚げ油（サラダ油）…適量

〈つくり方〉

①昆布とかつお節の一番だしをとる［p・16］。
②鍋に南蛮酢用のだしと調味料をあわせ、砂糖がとける位まで弱火で温める。冷めたらバットに入れる。
③鶏肉は洗って、火を通りやすくするため、皮目に金串を十数カ所突き刺し、大きめのひと口大に切る。熱湯で表面が白くなる位にさっとゆで［a］、水気を吸わせるため、ペーパータオルで包んでおく。
④野菜の下ごしらえをする。長ねぎは3㎝長さに切り、焼き網にのせて焼き色がつくまで焼く。玉ねぎは、皮をむき、縦に5㎜幅のせん切りにする。ピーマンは、ヘタと種をとり、薄い輪切りにする。野菜類と赤唐辛子は、②の南蛮酢に漬けておく。
⑤ビニール袋に小麦粉を入れ、③の鶏肉を入れてふり、小麦粉をまんべんなくまぶす。
⑥揚げ油を170度に熱し［p・90］、鶏肉を二度揚げし（下記参照）、揚げたらすぐに②の南蛮酢に漬けて約1時間おく。
⑦器に鶏肉を盛り、長ねぎ、玉ねぎ、ピーマンをあしらい、赤唐辛子をそえる。

＊揚げたてもおいしいですが、3時間位おくと、味を含んでよりおいしいです。
＊子どもたちには、赤唐辛子を入れず、砂糖大さじ1を加えて酸味をまろやかにしてあげましょう。

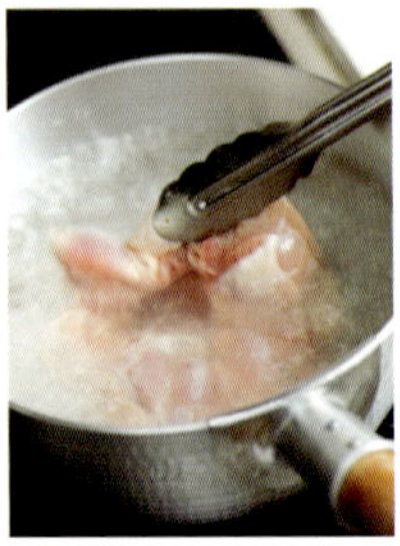

［a］肉を洗ってさっとゆでることで、表面の余分な脂や臭みがとれます。

二度揚げの仕方

油を170度位に熱して鶏肉を入れ、3分間位揚げたら一度バットにとり出します。そのまま5〜10分位やすませると、余熱でしっかりと火が通り、表面に肉の水分が出てきます。このあと再び揚げると、水分はきれ、カラリと揚がり、色もこんがりときつね色になるというわけです。

えびと野菜の天ぷら

天ぷらは、早くつくれて、おいしい料理の代表です。しかも嬉しいのは、季節の魚介、野菜が何でも材料になること。揚げたてが食べどき。手づくりの天つゆを温めてそえましょう。野菜は160度、魚介は170度で揚げましょう。

天つゆのつくり方

だしと調味料の比率は6：1：1。だしの量を増やせばまろやかになります。

〈材料〉
だし（一番だし）…180cc
みりん…30cc
濃口しょうゆ…30cc

〈つくり方〉
小鍋に分量の材料をあわせて、火にかける。沸騰したら、火からおろして冷ましておく。

えびの下ごしらえの仕方

1 えびは、頭と腹の間に両手の親指を入れ、そのまま頭を引くと、背ワタもとれる。

2 尾と尾の付け根の第1関節は残して殻をむく。

3 まな板にえびの腹を手前におき、尾のケンと尾の先を斜めに切り、包丁の先で中の水分をしごき出す。

4 仰向けにおき、腹側の筋に4～5カ所切り目を入れ、身をそらせてグイッと筋をのばしておく。

こうしておくと、揚げたときに内側に丸まりません。

5 ペーパータオルで水気をしっかりふきとっておく。

〈材料〉4人分

えび

（さいまきえび・冷凍可）…12尾

茄子…1本

れんこん…½節（15㎝位）

さつまいも…1本

オクラ…8本

小麦粉…大さじ2強

衣

—卵黄…1個分

冷水…160cc

小麦粉…1¼カップ

—氷（卵大位）…適宜

揚げ油（サラダ油）…適量

薬味

—大根おろし…1カップ

おろし生姜…1片分

レモン…½個

—塩（粗塩や岩塩）…好みの量

〈つくり方〉

①天つゆをつくっておく（右頁参照）。

②えびの下ごしらえをする（右頁参照）。

③野菜の下ごしらえをする。

茄子は1㎝幅の斜め輪切りにする。れんこん、さつまいもは8㎜幅の輪切りにする（茄子、れんこん、さつまいもは、すぐに揚げるときはそのまま、揚げないときは水に放してアクぬきをする）。

オクラは、ヘタとガクをとり、穂先に包丁目を入れておく。

ペーパータオルの上に材料を並べ、上からも押さえて、さらに乾いたペーパータオルで包んでしっかり水気をとる。

④衣をつくる。

ボウルに卵黄と冷水を入れてときほぐし、ふるった小麦粉（冷蔵庫で冷やしておくとよい）と氷を加えてさっくりと混ぜ合わせる［a］。

⑤②のえびと③の野菜に小麦粉をまぶす（衣がつきやすくなり、油はねを防ぐ。慣れないうちは小麦粉が少し多めのほうが揚げやすい）。

⑥油を170度に熱し［p・90］、えびは尾を持って身を左右にふりながら衣のボウルに入れ、全体にまぶす。尾を持ったままそっと油に入れ［b］、たえず上下をかえしながら約1〜2分揚げる（えびの身から出ている泡が減ってきたら、箸でつついてみて、コツコツと乾いた音がしたら揚がっている）。

⑦野菜は160度で揚げる［p・90］。衣を落として油の温度を確認し、衣を薄くつけて揚げていく［c］。揚げたらとり出し、油をきる［d］。

⑧天ぷらを器に盛り、温めた天つゆと薬味をそえる。

［a］

［b］

［c］鍋に入れる量は、鍋の表面積の半分まで。

［d］揚げ上がった天ぷらは、たてて油をきっておく。

はじめてのだしまき玉子

だしまき玉子は、卵にだしを加えた卵焼き。旨みもしっとり感もだしのおかげ。慣れてきたらだしの量を増やしましょう、しっとり感がさらに増します。熱々がおいしいので、焼いたらすぐに食卓へ。ぜひ、卵焼き鍋でつくってほしい一品です。

〈材料〉4人分
卵…6個
A
　だし（一番だし）…120cc
　塩…小さじ⅓
　薄口しょうゆ…小さじ⅔
サラダ油…適宜
大根おろし…1カップ分
濃口しょうゆ…少々

油引き用布（ガーゼやペーパータオル）を用意します。

〈つくり方〉

①昆布とかつお節の一番だしをとる［p・16］。

②小さなボウルに、Aを合わせて混ぜ、塩をとかしておく。

③卵はボウルに割り入れ（1個ずつ試し割りをしながら）、箸を立ててときほぐし、①のだしを加え（だしに卵を入れてはうまく混ざらない）、裏ごしをして卵汁をつくる［a］。

④油引き用の布で、卵焼き鍋全体に油をなじませる（下記参照）。

⑤卵を焼く。

1 火は、弱めの中火で、卵汁を少量入れ、手早く鍋一面に流しこむ（火が弱いとペチャペチャとコシがなく、強いとキメが粗くなる）。

2 卵汁がプクプクとふくらんできたら、箸でつぶす。半熟で七分通り焼けたら、箸で四隅が焼けているのをたしかめ［b］、鍋の向こう側を跳ね上げるようにして、手前に折るように巻く。

3 あいた鍋の奥に、油を薄くひく［c］。

4 卵を向こうに送り、手前のあいたところに油をひき、卵汁を入れる。すぐにプクプクとふくらんだ卵を箸でつぶし、同時に卵を箸で持ち上げて、下に卵汁を流し入れる［d］。2と同様に焼いて、手前に巻き、奥に寄せる［e］。

5 4の手順をくりかえし、焼けたら卵焼きを巻きすにとり出して軽く巻いて形をととのえる。

⑥器に盛りつけ、水気をきった大根おろしにしょうゆを少し落として（染めおろしという）そえる。

［a］

［b］

［c］

［d］

［e］

卵焼き鍋の油のなじませ方

鍋に大さじ2位の油を入れて中弱火で温め、全体に油をなじませます。油を容器に戻し、再び油を入れて油をなじませ、油を捨てます。新しい油を用意し、布に油を吸わせて鍋の隅まで油を薄くひき、卵汁を少し入れてみて、「チッ」と音がしたらOKです。

この手間は、一番大切なことです。

小松菜と油揚げの炒め煮

約5分でつくれますからもう一品というときに便利です。やさしい八方だしなので菜の甘さがしっかり味わえます。春のなばな、冬ののら坊菜や白菜でつくるのもおいしいですよ。

〈材料〉4人分

小松菜…1束
油揚げ…2枚
ごま油…大さじ2
八方だし
　だし（一番だし）…1カップ
　みりん…大さじ1¼
　薄口しょうゆ…大さじ1¼
黒炒りごま…小さじ1

〈つくり方〉

①昆布とかつお節の一番だしをとる［p・16］。
②八方だしをつくる（下記参照）。
③小松菜は4㎝長さに切り、茎と葉に分ける。
④油揚げは、熱湯で2分間ゆでて油ぬきし［p・48］、縦半分に切り、茎と同じ位の細さに切って、しっかりと水気をしぼる。
⑤厚手の鍋にごま油を強火で熱し、小松菜の茎から炒めはじめる。茎の色がさえてきたら、葉を加えて炒め、葉の色が変わったら八方だしと油揚げを入れる。ひと煮立ちしたら火を止め、すぐに鍋からとり出し、汁ごと器に盛るか、ボウルに移してひたしておく。
⑥器に盛り、黒ごまをふる。

八方だしのつくり方

おひたし、煮びたし、煮もの、酢のものにつかいます。

〈材料〉
だし（一番だし）…1カップ
みりん…大さじ1¼
薄口しょうゆ…大さじ1¼

〈つくり方〉
小鍋に、分量の材料をあわせて、火にかける。ひと煮立ちさせ、火からおろし、冷ましておく。

白菜の煮びたし

やわらかくてくせのない白菜は、だしの味が素直に味わえる野菜。だしが素材の味を引き出して、白菜ってこんなに甘くおいしかったのかしら、としみじみ思います。

〈材料〉4人分

白菜…6枚
八方だし
　だし（一番だし）…4カップ
　みりん…½カップ
　薄口しょうゆ…½カップ
削りかつお（追いがつお用）…5g
水溶き片栗粉
（片栗粉大さじ1＋水大さじ1）
柚子（針柚子）…½個

ガーゼ13㎝角（追いがつお用）を用意します。

〈つくり方〉

①昆布とかつお節の一番だしをとる［p.16］。
②八方だしをつくり、冷ましておく［p.80］。
③白菜は、根元のかたいところは斜めに切りとってから、縦半分に切り、熱湯でゆでて、ザルにあげて水気をきる。冷めたら水気をしぼり、4㎝長さに切る。
④③の白菜を鍋に入れ、八方だしを加えて中火にかけ、沸騰したら弱火にし、削りかつおをガーゼに包んで追いがつおをして、白菜がやわらかくなるまでよく煮る。
⑤小鍋に煮汁を1カップ半くらいとって中火にかけ、沸騰したら水溶き片栗粉を入れ、玉杓子で30秒かき混ぜてあんをつくる。
⑥白菜を器に盛り、⑤のあんをかけて、柚子をそえる。

ほうれんそうのおひたし

ほうれんそうは1㎝長さに切ります。そのほうが食べやすいし、だしのきいた割りじょうゆがしみておいしいんです。

〈材料〉4人分
ほうれんそう…1把
黄菊…4枚
酢水（黄菊用）…水½カップ＋酢小さじ½
割りじょうゆ
　だし（一番だし）…120cc
　みりん…大さじ1
　薄口しょうゆ…大さじ1
削りかつお…5g
柚子のしぼり汁…大さじ1

〈つくり方〉
①昆布とかつお節の一番だしをとる［p.16］。
②ほうれんそうは洗って、根の切り口に十文字の切り目を入れて、たっぷりの塩熱湯に根元から入れ、5つ数えて葉先も入れてゆでる。緑色が鮮やかになったらとり出して、すぐ冷水にとり、冷めたら少しもんで［a］、10分さらしてアクぬきをする。
③黄菊は花をむしり、小鍋に分量の酢と水を入れて火にかけ、沸騰したら黄菊を入れて10秒ゆでて、ザルにあげる。
④小鍋に割りじょうゆの材料を入れてひと煮立ちさせ、削りかつおを加えて冷ます。
⑤ほうれんそうは根元をそろえて水気をしぼり、1㎝長さに切ってバットに入れる。④の割りじょうゆの半量を加えて下味をつけ、③の黄菊を加えて混ぜ合わせる。
⑥器に⑤のほうれんそうと黄菊を盛り、脇から残りの割りじょうゆを注ぎ入れる。好みで柚子のしぼり汁をかける。

［a］もむことで、アクがぬけていきます。

いんげんと生姜のおひたし

野性的ないんげんの香り。ひたし汁はだしと薄口しょうゆだけ。煮汁にひたして生姜と和えます。甘さがない分、すっきりしていますからお酒にも向きます。

〈材料〉4人分
いんげん…150g
生姜（あれば新生姜）…1片
ひたしじょうゆ
―だし（一番だし）…½カップ
―薄口しょうゆ…大さじ1

〈つくり方〉
①昆布とかつお節の一番だしをとる［p.16］。
②いんげんは筋をとり、塩熱湯でゆでて、ザルにあげて冷ましておく。
③小鍋にひたしじょうゆの材料を入れてひと煮立ちさせる。バットに入れて冷めたら、②のいんげんをひたしておく。
④生姜は皮をむいて3分間水にさらしてアクをぬき、縦1㎜幅の薄切りにし、さらに1㎜幅のせん切りにする。
⑤④の生姜を③のバットに入れていんげんと和え、器に盛る。

＊生姜と和えたらすぐにいただきましょう。グズグズしていると、余分な水気が出てきてしまいます。

椎茸と青唐辛子の焼きびたし

椎茸は焼くことで水気がぬけ、香りが立ってきます。焼き網がなければアルミホイルに包んで蒸し焼きにしたり、フライパンで焼いてもよいですよ。

〈材料〉4人分
生椎茸（小）…8枚
青唐辛子…4個
ひたしじょうゆ
だし（一番だし）…1カップ
薄口しょうゆ…大さじ1½
柚子のしぼり汁…大さじ2
おろし生姜…½片分

〈つくり方〉
①昆布とかつお節の一番だしをとる［p・16］。
②鍋にひたしじょうゆの材料を入れて火にかけ、沸騰したら火を止めて、そのまま冷ましておく。
③椎茸は石づきをとり、傘の内側に塩水（分量外）をふる［a］。
④青唐辛子は1カ所切り込みをいれる（焼いたときに破裂しないため）。
⑤椎茸と青唐辛子を焼き網にのせて焼き目がつくまで焼き（オーブントースターで焼いてもよい）、②のひたしじょうゆに入れて3分間ひたしておく。
⑥器に盛り、柚子のしぼり汁をかけ、おろし生姜をそえる。

＊ピーマンでもおいしくつくれます。

［a］塩の浸透圧により縮まず、焼いてもパサつきません。

わかめの煮びたし

ミネラルが豊富でアルカリ性食品のわかめ。毎日食べたいですね。覚えやすい八方だしでわかめ料理のレパートリーを広げてください。

〈材料〉4人分
わかめ（干し）…15g
八方だし
　だし（一番だし）…1カップ
　みりん…大さじ1¼
　薄口しょうゆ…大さじ1¼
木の芽…4枚

〈つくり方〉
①昆布とかつお節の一番だしをとる［p.16］。
②八方だしをつくり、冷ましておく［p.80］。
③わかめは、水に浸けて戻し、かたい茎を切りとって3cm角に切り、下ごしらえをする（下記参照）。
④鍋に八方だしとわかめを入れて火にかけ、沸騰したら火を止め、そのまま冷まして味を含ませる。
⑤器に汁ごと盛り、木の芽をそえる。
＊干しわかめは、香りと歯ごたえがいいのでおすすめ。塩蔵わかめをつかう場合には、塩分が多いのでよく水洗いをしましょう。

わかめの下ごしらえ

太陽にかざすと緑色のものが国産のわかめ。干しわかめは戻すと約10倍になります。

1わかめは約10分間水に浸けて戻し、かたい茎（道といいます）を切りとり、つかう大きさに切ります。
2沸騰した湯で色が鮮やかになるまでさっとゆで、ザルにあげ、水気をきります。

ブロッコリーの辛子じょうゆ和え

ブロッコリーは、すぐ火が通り、ゆですぎると形がくずれやすくなり味も落ちるので注意しましょう。辛子じょうゆ和え、春は菜の花でどうぞ。

〈材料〉4人分
ブロッコリー（つぼみ）…1房
八方だし
　だし（一番だし）…1カップ
　みりん…大さじ1¼
　薄口しょうゆ…大さじ1¼
溶き辛子…好みの量
削りかつお…適量

〈つくり方〉
①昆布とかつお節の一番だしをとる［p・16］。
②八方だしをつくり、冷ましておく［p・80］。
③ブロッコリーのつぼみは、小房ごとに切り分ける。
④鍋に塩熱湯を沸かしブロッコリーを約1分間ゆでて固ゆでにし、網杓子ですくい、たっぷりの水にとって冷ます。芯まで冷めたらザルにとり出し、軽く握って水気をきる（握って形がくずれるのはゆで過ぎ）。
⑤バットにブロッコリーを入れ、②の八方だしの⅓量を入れてひたし、下味をつける。
⑥溶き辛子をつくる（左記参照）。
⑦残りの八方だしに好みの量の溶き辛子を加えて辛子じょうゆをつくり、ブロッコリーをひたす。
⑧器に盛り、削りかつおをあしらう。

溶き辛子のつくり方

湯のみ茶碗位の大きさの容器に小さじ1の粉辛子を入れ、小さじ1強の60度位のお湯で、箸で手早くときます。小さじ1の粉辛子で小さじ2の溶き辛子がつくれます。

のんびりといていては、辛子の香りがききませんよ。

だしがらをつかって

だしがらの昆布は金串に刺して、干しておき、量がまとまったら佃煮をつくっています。どれも、だしをとったあとにササッとつくれるものです。だしがら、といえない位においしいですよ。

切干し大根のハリハリ漬け

〈材料〉
昆布（だしがら）…10g
切干し大根…50g
甘酢
- 酢…2カップ
- だし…180cc
- 砂糖…大さじ6〜7
- 薄口しょうゆ…大さじ6

赤唐辛子（小口切り）…1本

〈つくり方〉

切干し大根はさっと水洗いしてかために戻し、4cm位の長さに切る。昆布はせん切りにする。鍋に甘酢の調味料を合わせ、ひと煮立ちさせてから冷まし、切干し大根、昆布、赤唐辛子を入れて、半日以上おく。

きゅうりの松前漬け

〈材料〉
昆布（だしがら）…10g
きゅうり（もろきゅう）…8本
粗塩…少々
濃口しょうゆ
…きゅうりがかぶる位

〈つくり方〉

きゅうりは洗ってまな板にのせ、粗塩をふって板ずりをし、2cm長さに切って容器に入れる。昆布を2cm角に切り、きゅうりを入れた容器に入れる。しょうゆをきゅうりがかぶる位まで注ぎ入れ、約2時間おく。

覚えておきたい計量の仕方と温度の測り方

外出先や手近なところに測りや計量器のない場合、普段の料理の中で、ひとつの標準の分量や感覚をもっておくと重宝します。

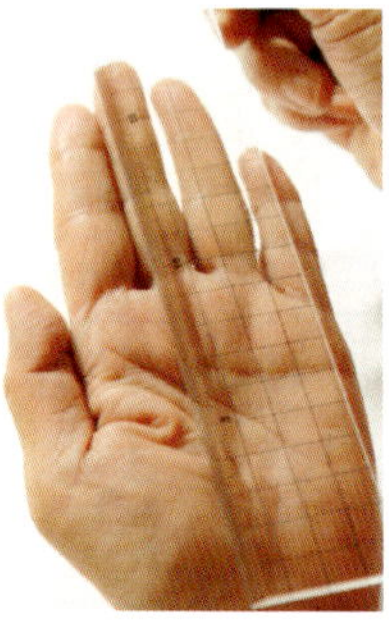

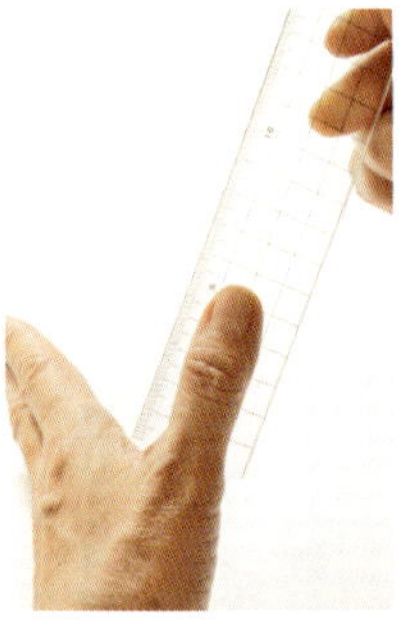

【手ばかり】

基準の重さを知ることで大体の重さを感覚でわかるようにしましょう。卵1個は約60～65g。卵と同様に水を含んだ野菜、果物、肉、魚類、みそなどの分量は大体同じです。たとえば卵大に丸めたみそは60g。ひき肉は、50g、里芋、人参、大根は65g位です。

【目ばかり】

女性の掌は、大体同じ大きさです。長さは、手で測りましょう。手の長さは、16～17㎝。切り身の長さや重さを量ったりできます。たとえば65gの卵なら3個乗り（約200g）、両手なら約400g乗ります。切り身や小あじは、片手に2つ並ぶとすれば、大体2枚や2尾で約200gということになります。

親指の長さは約5㎝。人参を5㎝長さに切るとか、器の直径や深さを測ったり、いろいろとつかえます。

【油の温度の測り方】

温度計がなくても、鍋の中の状態で大体の温度がわかります。

○160度

衣を箸の先につけて落としたとき、鍋底につくまで沈んで、浮き上がりはじめるまで1秒かかったら160度です。

○170度

衣を落としたとき、鍋底につき、すぐ上がってきたら165～170度です。

○180度

衣を落としたとき、油の真ん中まで沈んですぐ浮き上がってきたら175～180度です。

第四章

だしが決め手のごはん、麺、鍋もの

もちろん白いごはんは好き。
だけど、炊き込みごはんには
ワクワク感があります。
教室で、ふたをあけるとき、
生徒さんの顔が集まります。
それは、麺、鍋ものも同じ。
いずれも、たっぷりつかうだしが決め手。
ほわ〜っと立ちのぼる湯気、
やさしいだしの香りです。

五目炊き込みごはん

炊き込みごはんのきほんです。これに鶏肉を加えてもいいですよ。しょうゆごはんは、焦げつきやすいので火加減にご注意ください。ま、おこげもおいしいですけどね。

〈材料〉4人分
だし（一番だし）…3½カップ
米…3カップ
昆布…10g
具
干し椎茸…4枚
こんにゃく…⅓枚
人参…50g
油揚げ…2枚
ごぼう…100g
A
酒…大さじ3
薄口しょうゆ…大さじ2
濃口しょうゆ…大さじ1

〈つくり方〉
①昆布とかつお節の一番だしをとる［p・16］。
②米は洗ってザルにあげ、1時間おく。
③具の下ごしらえをする［a］。
干し椎茸は、水で戻して軸をとる。こんにゃくは、アクをぬいておく［p・54］。

人参は、洗って、皮を薄くむく。

干し椎茸、こんにゃく、人参は、4㎜角位の粗みじんに切る。

油揚げは、沸騰した湯で2分ほどゆでて油ぬきをする［p・48］。冷めたら縦半分に切ってから3㎜幅に切り、しっかりと水気をしぼる。

ごぼうはささがきにして約10分間水にさらしてアクをぬき、長いときは、2㎝位に切っておく。
④③の具をボウルに入れ、Aの調味料を加えて約10分間浸けて下味をつける。
⑤鍋に米、だし、昆布、④の具を入れ、軽く混ぜ合わせ［b］、中火で炊く。沸騰したら弱火にして約6分炊き、さらに火を弱めて15分炊き、火を消してから10分蒸らす。
⑥器に盛る。

＊塩やしょうゆで味つけをしたごはんは焦げやすいので、炊きはじめは中火にし、弱火を長くするのがコツ。
＊わたしは文化鍋で炊いています。炊飯器の場合は具を米の上にのせて炊いてください。具材が多くても水分量は同じです（炊飯器付属のカップは1カップ＝180㏄なので注意）。p・94、95の炊き込みごはんも同様です。

［a］歯ざわりを合わせるのも大切なポイントです。

［b］具と調味料がむらなく行き渡るように、底から混ぜて炊きます。

筍ごはん

生の筍をつかえるのは、春のほんのひととき。一年に一回だけでもゆでてみませんか。筍は細かく刻むので、根元の部分でも。

〈材料〉4人分
だし（一番だし）…3½カップ
米…3カップ
筍（ゆでたもの）…約200g
油揚げ…2枚
A
酒…大さじ3
薄口しょうゆ…大さじ3
塩…小さじ⅓
木の芽…適宜

〈つくり方〉
①昆布とかつお節の一番だしをとる［p.16］。
②米は洗ってザルにあげ、1時間おく。
③油揚げは熱湯で2分ほどゆでて油ぬきし［p.48］、ザルにあげる。縦半分に切ってから2㎝×3㎜幅に切って水気をしぼる。
④筍は1㎝角に切り、水に入れて沸騰するまでさっとゆでる［a］。
⑤鍋に米と油揚げ、筍、だしとAを加えて軽く混ぜ合わせて中火で炊く。沸騰したら弱火にして10分炊き、火を止めて10分蒸らす。
⑥器によそい木の芽をちらす。

［a］ゆでることで、筍から水気がぬけ、だしや調味料がしみやすくなります。

筍の下ごしらえ

筍は、買ってきたらすぐにゆでてください。21㎝の寸胴鍋に500gの筍2本、ぬかひとつかみ、赤唐辛子3本、たっぷりの水を入れて、弱めの中火で2時間ゆでましょう。ゆでたら水に浸けてアクをぬきますが、数日もたせたいときは毎日水を替えてください。使うときは（市販の水煮の場合も）、必ず水からゆでてつかいましょう。

いりこめし

いりこの産地・香川県の郷土料理です。取材でお世話になった伊吹島へのお礼をこめて考えた、わたし流いりこめし。香ばしいいりこと大根たっぷりの炊き込みごはん。まったく生臭みがないので子どもたちにも大好評です。

〈材料〉4人分
米…3カップ
水…3⅓カップ
昆布…10g
いりこ（小羽3～4㎝大）
…20g（頭と腹ワタをとって）
濃口しょうゆ（下味用）
…大さじ1
大根…150g
ごぼう…100g
A
酒…大さじ2
みりん…大さじ1
濃口しょうゆ…大さじ3
大根の葉…適量

〈つくり方〉
①米は洗ってザルにあげ、1時間おく。
②いりこは中火で香ばしい香りがしてくるまでから炒りして［a］、しょうゆに浸けておく。
③大根は皮をむいて5㎜幅に切る［b］。ごぼうはタワシで皮を軽くこすりとり、ささがきにする。
④鍋に、米、水、昆布、②のいりこ、③の大根、ごぼう、Aの調味料を加えて中火で炊く。沸騰したら弱火にして15分炊き、火を止めて15分蒸らす。
⑤鍋に湯を沸かし、大根の葉をゆでて1㎝長さに切り、炊き上がりに混ぜる。

［a］必ず厚手の鍋でから炒りします。薄い鍋では表面だけが焦げてしまいます。

［b］大根は大きめに切るのがポイントです。

いなり寿司

油揚げは、前日につくっておくと味がしみて、おいしくなります。油揚げのていねいな油ぬきは大きなポイントです。

また、油揚げの袋にすしめしを詰めるときは量に注意しましょう。多すぎると食べにくく、少なすぎると盛ったときに貧弱になります。

〈材料〉20個分

油揚げ…10枚
だし（一番だし）…4カップ
砂糖…1カップ
みりん…¼カップ
濃口しょうゆ…120cc
すしめし
- 米…3カップ
- 水…660cc
- 昆布…10g
- 酒…大さじ3
- 合わせ酢
  - 米酢…½カップ
  - 砂糖…大さじ3
  - 塩…小さじ2

具
- 柚子（粗みじん）…1個
- 白炒りごま…大さじ2
- 有馬山椒（粗みじん）…大さじ2～3

〈つくり方〉

①昆布とかつお節の一番だしをとる［p・16］。
②米は洗ってザルにあげ、1時間おく。
③油揚げを煮る。

1油揚げをまな板にのせ、麺棒を軽く押しながら転がして、ふたつ切りにし、袋に開く［a］。

2鍋に切り口を上にして油揚げを入れて熱湯を注ぎ、3分位ゆでてしっかりと油ぬきし［p・48］、ザルにあげ水分をきる。

3鍋に油揚げを放射状に並べ入れ［b］、だし、砂糖を加えて中火にかける。落としぶたをして約3分煮て、砂糖がとけたら、みりん、しょうゆを加えて10分煮て、落としぶたをしたまま鍋ごと冷ます。冷めたらひっくりかえし、全体に味を行き渡らせる［c］。

④すしめしの材料を入れ、ごはんを炊く。合わせ酢の調味料を温め、砂糖をとかす。ごはんが炊き上がったら、しゃもじで底からさっくりと混ぜて盤台《はんだい》に移し、合わせ酢をしゃもじで受けながら回しかけ、切るように混ぜる。
⑤すしめしが人肌位に冷めたら、具を上からふり、軽く混ぜ合わせる。
⑥すしめしを1個50g位ずつに分けてバットかまな板に並べておき、油揚げに詰めていく（隅にきちんと詰めると出来上がりが美しい）。
⑦器に盛りつけ、酢どり生姜（下記参照）をそえる。

［a］

［b］

［c］

酢どり生姜のつくり方

〈材料〉つくりやすい分量

生姜…100g
塩…小さじ1
甘酢
- 酢…100cc
- 水…100cc
- 砂糖…大さじ1

〈つくり方〉


1鍋に甘酢の調味料を入れて火にかけ、砂糖がとけたら火を止め、冷めたらびんに移す。

2生姜は皮をむき、縦に薄切りにする。鍋に湯を沸かし、生姜を入れて3つ数えたらザルにとり出して広げ、塩をふる。

3甘酢に生姜を入れて漬ける。1時間ほど漬けたら食べられる。

冷やしそうめん

わたしのめんつゆのだしは、昆布と削りかつお、干し椎茸でとります。具の干し椎茸を別煮するのが面倒で考えたのですが、旨みに厚みが増し、淡白なそうめんにぴったり。そうめんを食べたあと、めんつゆは残さずに飲んでくださいね。

めんつゆのつくり方

〈材料〉
水…4カップ
昆布…10g
干し椎茸…4枚
みりん…1カップ
薄口しょうゆ…1カップ
削りかつお…20g

〈つくり方〉

1鍋に水、昆布、干し椎茸を入れて1時間おいて戻す。

2みりんと薄口しょうゆを加えて中火にかけ、沸騰したら削りかつおを加えてアクをすくい、布巾でこす。

3冷めたら冷蔵庫で冷やしておく。
＊だしがらのかつお節は味がしみているので、炒って、ごまを加えればふりかけになります。

〈材料〉4人分

そうめん…8把（400g）
水（差し水用）…2カップ
具
干し椎茸（だしがら）…4枚
A
めんつゆ…½カップ
砂糖…小さじ2
しょうゆ…小さじ2
卵…3個
えび（さいまきえび・冷凍可）…5尾
サラダ油（錦糸卵用）…適宜
薬味
おろし生姜…50g
みょうが（斜めせん切り）…4個
青ねぎ（小口切り）…1束
青じそ（せん切り）…10枚
氷…適宜

〈つくり方〉

①めんつゆをつくる（右頁参照）。
②だしがらの干し椎茸は、せん切りにして小鍋に入れ、Aを加えて汁がなくなるまで煮詰める。
③錦糸卵をつくる。
1卵をボウルによくときほぐし、塩少々（分量外）を加えてこす。

2卵焼き鍋を弱めの中火にかけ、油をなじませ、卵液を⅓量鍋に流し入れたらすぐに鍋を火からはずして余熱で焼き、まな板などにのせて冷ます（3枚焼く）。

3冷めたら縦半分に切り2つ折りにし、2㎜幅のせん切りにする。
④えびは、頭と背ワタをぬく［p.76］。殻はつけたまま、塩熱湯でさっとゆで、色がさえたらザルにとって冷まし、殻をむく。
⑤薬味を準備し、器に盛りつける。
⑥そうめんをゆでる（下記参照）。
⑦器にそうめんを盛り、錦糸卵とえびと氷をあしらう。

そうめんのゆで方

1そうめんは、1把ずつ片端を木綿糸で結んでおく。

2鍋にたっぷりの湯を沸かし、沸騰した湯にそうめんを1把ずつ入れる。

3フワーッと沸騰してきたら差し水を½カップ加える（これを約3回くりかえす）。

4 4回目に沸騰したら1束をすくい上げ、透明感があったらザルにあけて、手早く水の中に放す。

5水を流したままにして、完全に芯まで冷たくなったら、もみ洗いしてぬめりをとり、ザルにあげて水気をきる。

6まな板にのせて木綿糸の部分を切り離してからそうめんの真ん中あたりに菜箸をさしこみ、持ち上げて器に盛る。

梅雑炊

熱のあるとき、湿気の多い日が続いたとき、気落ちしたとき……胃が働かない日ってあるものです。そんなときは、体の温まる汁気の多いごはん、雑炊をどうぞ。たっぷりのだしと梅干しで体を休めましょう。

〈材料〉2人分

だし（一番だし）…3カップ
ごはん…茶碗2杯分
梅干し…3〜4個
塩…小さじ1
薄口しょうゆ…小さじ½
白炒りごま…小さじ2
青じそ（せん切り）…6枚

〈つくり方〉

①昆布とかつお節の一番だしをとる［p.16］。
②ごはんは、ストレーナーに入れて水道の水をあててよく洗い、ぬめりをとる［a］。
③だしを火にかけて沸騰したら塩と薄口しょうゆを加えて味をみて（梅干しの塩分が加わるので味つけはひかえめに）、ごはんを加えて再び沸騰させ、梅干しを加えて火からおろす。
④器に盛り、白ごまと青じそをちらす。

＊煮すぎたり、煮返したりはまずくなってしまいます。出来上がりをすぐにいただきましょう。

［a］冷やごはんの場合は水で洗い、炊きたての場合はそのままつかいます。

素うどん

うどんも食べたい。うどんだしも最後のひと口まで飲み干したい。それが関西風うどんです。コクのあるうどんだし、素うどんでどうぞ味わってください。

〈材料〉2人分
うどん（ゆで）…2玉
うどんだし
昆布…10g
削りかつお（花かつお）…20g
煮干し…20g
水…3½カップ
みりん…¼カップ
薄口しょうゆ…大さじ2
青ねぎ（斜め小口切り）…1本
削りかつお（花かつお）…適宜
七味唐辛子…適宜
塩…適宜

〈つくり方〉
①鍋に削りかつお以外のうどんだしの材料を入れて火にかける、沸騰寸前に昆布をとりだし、アクをすくって、火を止める。削りかつおを入れ、1分半おいて布巾でこす（みりんのアルコール分をとばすため、30秒位沸騰させればよい）。
②別鍋に湯を沸かし、うどんを入れてゆで、ゆであがったら冷水で洗ってしめる。
③②の鍋に再びたっぷりの湯を沸かし、うどんを入れて、軽くゆでて温める［a］。
④丼鉢を③の湯で温めてから、うどんを入れて盛り、青ねぎ、花かつおをそえて、熱々のうどんだしを上からかける。

＊うどんだしは、味見をして、塩が必要ならほんの少し加えてください。

［a］麺によってゆで時間や下ごしらえは変わります。

おでん

ごはんによし、お酒の肴としても人気のおでん。我が家の自慢の味にしたいですよね。

翌日のおでんもおいしいので、多めにつくっておきましょう。そうそう、具は上等の練りものよりも普及品のほうが向いています。

〈材料〉4人分

おでんつゆ
- 一番だし…8カップ
- 煮干しだし…8カップ
- 酒…½カップ
- みりん…大さじ3
- 砂糖…大さじ2
- 薄口しょうゆ…1カップ

具
- 昆布（日高）…2本
- 大根…500g
- こんにゃく…1枚
- ゆで卵…4個
- さつま揚げ…4枚
- がんもどき…4個
- ちくわ…2本
- はんぺん…1枚
- もち入り巾着
  - 切りもち…4切れ
  - 油揚げ…2枚
  - 白たき…1袋
  - 生椎茸…2枚

薬味
- 溶き辛子…適宜
- 七味唐辛子…適宜

〈つくり方〉

①昆布とかつお節の一番だし［p・16］、煮干しだし［p・22］をとる。

②具の下ごしらえをする。

昆布は日高昆布を水で戻し、縦に3、4等分に切って結んでいき、ひとつひとつ切り離す［a］。

大根は、3cm幅の輪切りにし、皮をむいて、だしがらの昆布を落としぶたにして、やわらかくゆでておく［b］。

こんにゃくは、アクをぬいて［p・54］、4等分にして、表面にかのこの包丁目を入れてゆでる。

さつま揚げ、がんもどきはさっと熱湯に入れ、油ぬきする。ちくわ、はんぺんは半分に切る。

もち入り巾着をつくる。油揚げは、油ぬきをしてから［p・48］半分に切って袋を裏返す。中に4cm角に切ったもち、ゆでて短く切った白たき、せん切りにした椎茸を入れてつまようじでとじる［c］。

③大きめの鍋に①のだしを入れて分量の調味料を加えて味をつける。具を入れて強火にかけ、沸騰したら弱火にしてアクをすくい、落としぶたをして約2時間煮る。

④土鍋に移して温め、食卓に出す。

＊具も煮汁も、溶き辛子をそえるとおいしいです。

［a］

［b］

［c］

野菜鍋

これはわたしがひとり暮らしの若いときに考えた鍋です。母がしょっちゅう送ってくれていた昆布、いりこ、かつお節で濃いだしをとり、野菜をざくざく切って炊き、たっぷり食べていました。身近な野菜でつくれます。野菜からのだしが出たあとは、おもちやうどんを入れてどうぞ。

〈材料〉4人分

だし
- 昆布（羅臼）…20g
- 削りかつお…40g
- 煮干し…30g
- 水…10カップ

具
- 小かぶ（中）…3個
- 油揚げ…4枚
- 白菜…1/4個
- 九条ねぎ…6本
- 水菜…1/2束
- 糸三つ葉…2束
- しめじ…1パック
- 春雨…1袋（小）
- わかめ（干し）…10g

薬味
- おろし大根…2カップ分
- 七味唐辛子…適宜
- 削りかつお…適宜
- 青ねぎ（小口切り）…1/2束

〈つくり方〉

①だしをとる。

鍋に水、昆布、煮干しを入れて約1時間おく。その鍋に皮を厚くむき縦に4ツ割りにした小かぶを入れて中火にかけ［a］、沸騰寸前に、昆布が浮き上がってきたらとり出す。弱火にして煮干しを4～5分煮出してすくいとり、アクをとる。強火にして沸騰したら火を止めて、削りかつおを入れて1分半おいてからこす。

②具の下ごしらえをする［b］。

油揚げは熱湯で2分ゆでて油ぬきし［p・48］、冷めたら縦半分に切り、4等分して水気をしぼる。

白菜は、根元を斜めに切りとり、約4cm長さに切る。

九条ねぎ、水菜、三つ葉は、5cm長さに切る。

しめじは、石づきをとる。春雨は、湯に浸けてやわらかくしておく。わかめは下ごしらえをして［p・85］3cm角に切っておく。

③ポン酢（下記参照）と薬味の用意をしておく。

④鍋にだしを6～7カップ入れて強火にかけ、沸騰したら中火にして②の下ごしらえをした野菜と①の小かぶを入れ、火が通ったら、③のポン酢と薬味で食べる。

＊野菜から水気が出て、味が薄くなっていきます。だしを足して、つゆも楽しみながら食べてください。

［a］だしをとりながら、小かぶをゆでると、味がしみ、時間も短縮です。

［b］

ポン酢のつくり方

〈材料〉つくりやすい分量

柑橘酢（だいだい、柚子、レモンなどのしぼり汁）…150cc

濃口しょうゆ…150cc

1 ボウルに、柑橘類をしぼる。

2 柑橘酢と同量のしょうゆを加えて、出来上がり。

＊お好みで、柑橘酢を多くしてください。酸味が強いレモンなどを使った場合は、だし汁を小さじ2杯程加えると、まろやかになります。また、練りごまのペーストを加えてもおいしいです。

かつお節

削り立てのかつお節でとっただしは極上のだし。どんなに上等の削りかつおでもかなわない、豊かな旨みと香りです。香りは揮発性。つかう直前に削ってください。

昭和四十年頃まではかつお節削り器はどこの家庭にもあり、かつお節を削るのは、夕飯前の子どもの仕事でした。ちっとも嫌でなかったのは、つまみぐいしながらの音と手間がおいしい遊びだったからでしょう。

◎かつお節の種類

【本枯節】大型のかつおを3枚にさばき、その片身を縦に2ツ割りにしたもので、1尾のかつおから、背側が2本、腹側が2本、計4本の「節」がとれます。背側の身は「背節《せぶし》」または「雄節《おぶし》」、腹側の身は「腹節《はらぶし》」または「雌節《めぶし》」とよばれます。

【亀節】3kg以下の小型のかつおを3枚にさばき、片身2枚を節にしたもので、1本のかつおから2本の亀節がとれます。形状が亀に似ているため、亀節と呼ばれています。

◎選び方

十分に乾燥していること。持ったとき、見た目よりもずしりと重みがあること。本枯節の場合、かびの色が枯葉色のものでうっすらついているもの。

◎保存法

毎日削るのなら心配はありませんが、たまに削るだけ、という場合は、風通しがよく、湿気のない場所においておきましょう。夏は防虫のため、月に2回位陰干しをします。

かつお節の削り方

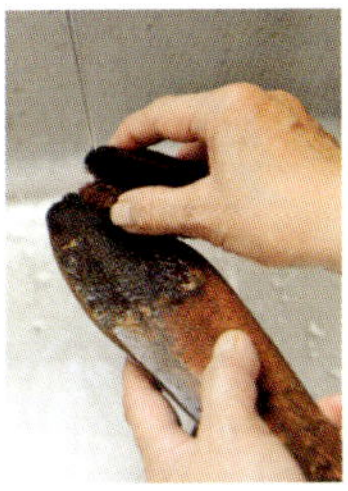

①本枯節は、タワシでかびを手早く洗い落とし、かたくしぼった布巾かペーパータオルで包み、こすらずに軽く押さえるようにして水気をとります。

②刃は新聞紙1枚の厚み位を出すように調節します。刃を手前に向け、かつお節は黒い皮のついているほう（尾のほう）を奥にし、30度の角度で刃にあてます。はじめは粉になりますが、粉が出なくなったら力が入るように手を重ね、上から奥に押すような感じで削ります。

尾のほうを手前におくと、繊維に逆らうため粉になります。削っているとき、金属的な音のシュィッ、シュィッという澄んだ音がしているときは削れています。

③少し慣れてきたら、同じところばかりではなく、左右に傾けて削ってみましょう。

削る面により、血合いのない桜色のもの、赤い縁の血合い入りがあり、厳密にいえば、だしのつかい道が変わります。

④削れました。かつおの縁の赤い部分は血合いです。

＊刃の扱いは大工さんのかんなと同じ。刃を引っ込めたいときは、木づちやかなづちで、かんなの台の頭のほうをたたき、刃を出したいときは台の後ろをたたきます。

＊女性は力が弱いので、テーブルよりも、畳や床の上で削りましょう。全身の力が上から入りラクです。

◎保存法

削りかつおは、削って空気に触れたときから酸化が進み、香りが落ちていきます。せっかくの削り立てです、おいしいうちに早めに使いきるようにしましょう。もしも、保存したいときには、密閉袋などに入れ、そっと空気をぬいて冷凍庫で保存します。

◎かつお節削り器の選び方

ある程度重みがあり、台が広く、刃の幅広いものがおすすめ。専門店で買うとメンテナンスも安心です。わたしは『有次』の削り器を愛用しています。

おすすめのだし素材

なんでもいいですよ、とは言えないだし素材。しっかりとしただしをとるのは、上質な素材を選ぶことからはじまります。四十数年いろいろ試してみましたが、やっとたどり着いた最上品です。滋味深い旨みを十分引き出してください。

※この商品情報は2012年1月現在のものになります。価格はすべて、税込みです。

〈かつお節〉

鹿児島県枕崎産の本枯節と削りぶし。タイコウさんのかつお節は、すべて一本釣りのかつおで製造されたもの。たとえば、本枯節の製造は、全工程6ヶ月後、枕崎から東京へ。タイコウさんは、ここからさらに天気を読み、日干し、選別を繰り返し、「目利き」の目で吟味して商品にします。「枕崎の生産者とは、おいしい一本釣りのかつお節を伝えたいという方向性が同じ。これからも一本釣りしか扱いません」。

かつお節（鹿児島県枕崎産・一本釣りかつお本枯節）
亀節…845円／100g
本枯節…945円／100g
削りかつお
「だしはこれ」（花かつお）…525円／80g
…945円／160g
「花くらべ」（本枯節削りかつお）…735円／50g
「だしはこれ」（かつお粉）…420円／80g

有限会社タイコウ
ホームページ　http://taikoban.chicappa.jp
電話　03-3533-4834
ファクス　03-3533-4622
住所　東京都中央区晴海3-4-9

〈昆布〉

「昆布のことなら、なんでも聞いてください」。こんぶ土居4代目社長・純一さん。同店が長年扱うのは、北海道・道南地方、川汲浜《かつくみはま》産の最高級真昆布。ただ扱うだけではありません。おいしいものは、それをつくる方々があればこそ、が土居家の信念。毎夏、漁の最盛期は川汲浜で昆布漁の船に乗り、共に働くなど、本気の姿勢がうかがえます。「なんでも聞いてください」は、昆布を思う声に聞こえます。

天然真昆布　一本撰…1800円／100g
天然真昆布　角切り徳用…840円／100g
とろろ昆布　白とろろ…395円／35g
おぼろ昆布　黒とろろ…525円／25g
昆布粉…360円／18g瓶入り

有限会社こんぶ土居
ホームページ　http://www.konbudoi.info
電話　06-6761-3914
ファクス　06-6761-7154
住所　大阪市中央区谷町7-6-38

〈煮干し〉

9月初旬に訪ねたダイブンさんの店頭には、輝くいりこがずらり。それもそのはず、伊吹いりこは好条件に恵まれた環境で漁獲、加工をしています。漁場は水深が浅く、波が穏やかなため、身も骨もやわらかい片口いわしが獲れます。島の網元は17社。「鮮度第一」と、高速船と加工場を所有し、一貫生産。獲れたてを即、いりこに加工しています。さらに、添加物は一切つかっていません。

伊吹産　特撰いりこ（中小羽）…500円／150g
伊吹産　銀付きいりこ（中小羽）…500円／100g
干し海老　燧灘《ひうちなだ》産大粒干しむき海老…500円／50g
＊その他お徳用もあります。

株式会社ダイブン
ホームページ　http://www.iriko.jp
電話　0875-25-2810
ファクス　0875-24-3160
住所　香川県観音寺市観音寺町甲1234

わたしの調理道具

実は道具好き。

道具は、長年のベストセラーがおすすめ。必ずおいしくつくれます。多少値の張る買い物になったとしても、使う頻度が高く、何十年ももちます。結局、そういうものは機能的で手になじむものなんですね。

【文化鍋】
昔ながらの羽釜のふっくらごはんが炊けます。強火で火にかけ、沸騰したら弱火で10分炊き、火を消して10分蒸らせば出来上がり。

【雪平鍋】
鍋は、厚手のものを選びましょう。この鍋は3㎜の厚さの15、18、21㎝のもの。このサイズがあればひと通り間に合います。

【片口ボウル・ミニボウル】
13㎝のミニボウルは、ホーローなので火にもかけられます。目盛り付き片口ボウルは、かきたま汁の卵液を細く流すのに便利です。

【おろし鉦《がね》】
銅製で表面が錫メッキ。適度な重さがあり、職人の手でひとつひとつ目立てをしているので、おろし大根が手早くきめ細かくおろせます。

【ステンレス包丁とぎ】
切れない包丁は材料の細胞をつぶしてしまいますし、調理に無駄な時間がかかります。日常使いの万能包丁は、とぎ器におまかせです。

【寸胴15cm鍋】
高さがあるので、少しかさのある大根、じゃがいも、里芋、ゆで卵などを少量ゆでたいときなど重宝。ふきこぼれがないのも安心です。

【南部鉄鍋】
厚みがあるので、汁ものは冷めにくく、揚げものは温度が安定し上手に揚げられます。深さがあるのも安心。鉄分補給にもおすすめです。

【大館曲げわっぱ】
材料は、200年寝かせた天然の秋田杉。ごはんの余分な水分を吸いとってくれますから、歯ごたえのよいお米の旨みが味わえます。

【すり鉢】
「する」という作業は力仕事です。小さいサイズのものは、力が入らずつかいにくいものです。細かい目の27〜30cmのものをおすすめします。

【鋳物のフライパン】
ホットケーキからステーキまで、焼きもののすべてがおいしくつくれます。さらに焼き色もしっかり。だれでも焼きもの上手になれますよ。

おわりに

わたしの母は料理好きな主婦でしたが、職人のような真剣さで料理をする人でした。

その母が大切にしていたことが、だしの素材選び。うるさい人でした。台所には、かつお節の削り箱と山本山の海苔の缶をのせたお盆があり、それぞれの缶には、羅臼昆布、日高昆布、いりこ（煮干し）、干し椎茸を入れていました。週に一〜二回、その缶を食卓におき、昆布は三種類の大きさに切って、いりこは頭と腹ワタをとり、干し椎茸の傘裏のゴミをひとさし指でツンツンとつついて落とし、いずれもすぐ使えるように缶に入れてお盆に。一日の終わりは台所を片付けたあと缶をのぞき、残量を調べるのが日課。「家のごはんが一番おいしい、おいしいのが当たり前」でした。

母の料理は、彩りに華もありいろいろ思い出します。一番なつかしいのは、夕方、学校から帰って玄関を開けたとき、いつも家の中に、だしの香り、だしをつかったおかずの香りがただよっていたことです。

母は、だしのとり方を、直接わたしに教えたりはしませんでした。しかし「母の習慣」を見て育ったため、だし素材の扱いは無意識に身につけていましたし、とり方もなんとなくわかっていました。女の子は、よく観察していますからね。

だしとり教室をするわたしの願いは、
みなさまが、毎日の暮らしの中で、
続けられるだしとりをしてくださることです。
だしを習得し、味の基準を舌の記憶にとどめたら、
経済にあわせて素材をお選びください。
だしをとれば、その日の食卓から家族の反応がちがいます。
だらだら食べてた人が座りなおします。
食事の時間がたのしみになります。
家の中に、食にきちんと向き合おうという気持ちが
こみあげてきます。

だしで、暮らし方がかわります。

引頭佐知（いんどう・さち）

料理研究家。山口市に生まれ尾道に育つ。コピーライター、PR誌編集を経て、飯田正平料理教室、林彩美梅苑薬膳料理教室で学び、関西料理店「竹本」に通う。1992年より東京・経堂で日本料理教室、2003年から自宅で「だしとり教室」を主宰。各地で「出張だしとり教室」を行い、現在までの受講生は800人を超える。だしは料理の土台。ひとりでも多くの方に、「天然のだし」を味わっていただき、伝えていくことをライフ・ワークにしている。著書、雑誌、テレビ、ラジオなどでも、料理を紹介している。

ホームページ
http://indou-kinomian.blog.ocn.ne.jp/blog2/

著書
『料理上手になる！　ちゃんと覚えたい50品』（NHK出版）、『まるめるレシピ』（ブルース・インターアクションズ）、『乾物のレシピ　「太陽の恵み」を美味しくいただく』（池田書店）

料理・文・器　引頭佐知
写真　川浦堅至
アートディレクション・デザイン
関宙明（ミスター・ユニバース）
編集　村上妃佐子（アノニマ・スタジオ）
製版設計　石川容子（凸版印刷）
印刷進行　井坂智（凸版印刷）
用紙　奥秋真一（朝日紙業）

引頭佐知さんのだしとり教室　―だしのとり方と定番の和食―
2012年3月8日　初版第1刷　発行
2016年9月17日　初版第3刷　発行

著者　引頭佐知
発行人　前田哲次
編集人　谷口博文
アノニマ・スタジオ
〒111-0051　東京都台東区蔵前2-14-14 2F
電話：03-6699-1064　ファクス：03-6699-1070
http://www.anonima-studio.com
発行　KTC中央出版
〒111-0051　東京都台東区蔵前2-14-14 2F
印刷・製本　凸版印刷株式会社

内容に関するお問い合わせ、ご注文などはすべて上記アノニマ・スタジオまでお願いします。乱丁、落丁本はお取り替えいたします。本書の内容を無断で複製・転写・放送・データ配信などすることはかたくお断りいたします。定価はカバーに表示してあります。

ISBN978-4-87758-708-6 C2077

アノニマ・スタジオは、

風や光のささやきに耳をすまし、
暮らしの中の小さな発見を大切にひろい集め、
日々ささやかなよろこびを見つける人と一緒に
本を作ってゆくスタジオです。
遠くに住む友人から届いた手紙のように、
何度も手にとって読みかえしたくなる本、
その本があるだけで、
自分の部屋があたたかく輝いて思えるような本を。